NEW 후다닥 여행중국어

CHINA
Speed Speaking

동양북스

초판 1쇄 발행 | 2008년 7월 10일
초판 9쇄 발행 | 2018년 4월 10일

편　　저 | 편집부
발 행 인 | 김태웅
편 집 장 | 강석기
편　　집 | 권민서, 정지선, 김효수, 김다정
디 자 인 | 방혜자, 이미영, 김효정, 서진희
마케팅 총괄 | 나재승
마 케 팅 | 서재욱, 김귀찬, 이종민, 오승수, 조경현, 양수아
온라인 마케팅 | 김철영, 양윤모
제　　작 | 현대순
총　　무 | 전민정, 안서현, 최여진, 강아담
관　　리 | 김훈희, 이국희, 김승훈

발 행 처 | 동양북스
등　　록 | 제10-806호(1993년 4월 3일)
주　　소 | 서울시 마포구 동교로 22길 12 (04030)
전　　화 | (02)337-1737
팩　　스 | (02)334-6624

http://www.dongyangbooks.com

ISBN 979-89-8300-937-1　13720

ⓒ 편집부, 2008

▶ 본 책은 저작권법에 의해 보호를 받는 저작물이므로 무단 전재와 복제를 금합니다.
▶ 잘못된 책은 구입처에서 교환해 드립니다.

머리말

생각만 해도 설레는 중국 여행!
여권 준비, 비행기 예약, 숙소 예약, 드디어 출국!
여행을 앞두고 이것저것 다 준비한 것 같은데 아직 무언가가 허전하다면,
그것은 바로 중요한 언어 때문이겠죠? 이왕 떠나는 신나는 중국 여행인데,
언어에 대한 아무런 준비도 없이 허술히 떠난다면 얼마나 아쉽겠습니까?

큰맘 먹고 가는 즐거운 여행, 회화책 한 권은 들고 떠나야겠죠?
이 책은 자신 있게 중국을 다녀오고 싶은 분들을 위해 기획한 책입니다.
중국 여행 기본 상식, 여행 준비자료 등과 함께 중국에서 바로 쓸 수 있도록 실용적인 회화문 위주로 담아 놓았습니다. 또 그림으로 한눈에 찾아 볼 수 있도록 기내에서, 공항에서, 호텔에서, 중국 각지에서 장소별로 주로 쓰이는 단어를 따로 모아 놓았으므로 필요할 때마다 손쉽게 활용할 수 있습니다.
중국을 경유해 다른 곳을 여행하시는 분들, 다른 여행객들과의 원활한 소통을 위해 필요한 영어 표현도 함께 표기하였습니다.

해외로 떠나는 신나는 여행!
이젠 〈New 후다닥 여행 중국어〉와 함께 떠나세요.
여행길에 든든한 친구가 되어 줄 것입니다.

이 책의 활용법

각 Chapter별 Tip

알아 두면 유용한 해외여행 노하우를 제시합니다. 여행 짐 싸기부터 귀국 준비까지 여러분의 여행을 한층 업그레이드시켜 줄 상세한 팁들로 여행 준비를 도와 드립니다.

그림으로 보여 주는 알짜단어

해당 주제 아래 다시 작은 주제별로 필요한 단어들을 모았습니다. 상황별 표현에 맞게 다양한 그림들을 함께 묶어 갑작스럽게 단어를 구사해야 하는 상황에서 실용적으로 사용할 수 있습니다.

New 후다닥 **여행 중국어**

꼭 필요한 것만 모은 알짜 표현

어떤 상황에서라도 꼭 필요한 문장을 쉽게 찾아 볼 수 있도록 편리하게 chapter별로 인덱스를 해놓았습니다. 상황에 따라 찾아보면서 필요한 표현들을 익히세요.

mp3 다운로드

책 속의 모든 표현에 대해 한글과 중국어 모두를 현지인의 음성으로 녹음하였습니다. mp3 파일은 동양북스(http://www.dongyangbooks.com)에서 내려 받으실 수 있습니다.

차례

머리말 03
이 책의 활용법 04
후다닥 오리엔테이션 10

PART 01
그림으로 보여 주는 알짜 단어

기내에서 16
입국 심사대에서 17
숙소에서 18
거리에서 20
_건물 20
_위치 22
식당에서 23
_음식 23
_음료수 25
_술 26
_조미료 27
_식기 28
쇼핑에서 29
_전자제품 29
_쇼핑에 필요한 기본 형용사 30
_잡화 / 일용품 32
_의류 34
약국에서 36
_약 36
_병명 37
시간 38
때 39
월 40
요일·계절 41
숫자 42
가격 43
신체 44
색깔 45

PART 02
꼭 필요한 것만 모은 알짜 표현

CHAPTER 1 기본 표현

Tip. 중국 소개 50
인사하기 52
소개하기 54
상대방에게 질문하기(1) 56
상대방에게 질문하기(2) 58
상대방의 질문에 대답하기 ...60
상대방에게 제안하기 62
감사 및 사과하기 64
부탁하기 66
초대 및 방문하기 68

CHAPTER 2 기내

Tip. 출국 절차 72
좌석 찾기 74
음료 서비스 받기 76
식사 서비스 받기 78
기타 서비스 요청하기 80

간단한 의료 서비스 받기 82
입국 신고서 작성하기 84

CHAPTER 3 중국 공항

Tip. 도착지 입국 절차 88
입국 심사 받기 90
짐 찾기 92
세관 검사 받기 94
환전 서비스 이용하기 96
여행자 안내소에 문의하기 ...98

CHAPTER 4 호텔

Tip. 호텔 이용하기 102
체크인(예약을 안 한 경우) ...104
체크인(예약을 한 경우) 106
룸서비스 이용하기 108
보관함 이용하기 110
비즈니스센터 이용하기 112

차례

기타 서비스 요청하기 114
문제 해결하기 116
체크아웃 하기 118

CHAPTER 5 식당

Tip. 식당 이용하기 122
예약하기 124
테이블 안내 받기 126
일반적인 주문하기(1) 128
일반적인 주문하기(2) 130
일반적인 주문하기(3) 132
디저트 주문하기 134
패스트푸드 주문하기 136
술집에서 주문하기 138
문제 해결하기 140
계산하기 142

CHAPTER 6 교통

Tip. 교통 수단 이용하기 146
버스 이용하기 148
택시 이용하기 150
지하철 이용하기 152
열차 이용하기 154
렌터카 이용하기 156
자동차 정비하기 158

CHAPTER 7 관광

Tip. 관광하기 162
관광 안내소에 문의하기 164
버스 투어하기 166
관람 및 관전하기 168
티켓 구입하기 170
카지노 이용하기 172
사진 촬영 및 현상하기 174
길 물어보기 176
길 안내 받기 178

New 후다닥 **여행 중국어**

CHAPTER 8 쇼핑

Tip. 쇼핑하기 182
쇼핑 관련 질문하기 184
물건 고르기(1) 186
물건 고르기(2) 188
포장 요청하기 190
면세점 이용하기 192
교환 및 환불하기 194
계산하기 196

CHAPTER 9 공공시설

Tip. 공공시설 이용하기 200
시내 전화 하기 202
국제 전화 하기 204
우체국 이용하기(1) 206
우체국 이용하기(2) 208
은행 이용하기 210

CHAPTER 10 긴급상황

Tip. 여행 중 긴급상황 대처하기 ... 214
분실 및 도난 사고 216
교통사고 218
건강 이상(1) 220
건강 이상(2) 222
건강 이상(3) 224

CHAPTER 11 귀국

Tip. 귀국 절차 228
항공권 예약하기 230
항공권 예약 변경하기 232
항공권 예약 확인하기 234
항공사 카운터 체크인 하기 ... 236
결항 및 비행기를 놓쳤을 때 ... 238

후다닥 오리엔테이션

해외 여행을 하려면 꼭 준비해야 하는 것들이 있다.

> 여권 만들기 → 비자 취득 → 여행정보 수집 → 출국 교통편 결정
> → 숙박 예약 → 환전 및 짐 꾸리기

중국으로 여행을 떠나기 위해서는 여권과 비자 그리고 항공 티켓이나 배표를 미리 준비해야 한다. 특히, 장기간 중국을 여행하고자 하는 사람은 반드시 2~3개월 전부터 여행 일정을 계획하고, 적어도 한 달 전부터는 여권이나 비자 수속을 밟는 것이 좋다. 그리고 비행기표나 배표는 서둘러 미리 예약을 해놓고, 출발 10일이나 일주일 전에 구입하는 것이 안전하고 여유로운 여행을 하는 첫번째 조건일 것이다.

여권

국내에서 자신의 신분을 증명해 주는 것이 주민등록증이라면 국외에서는 여권이 신분증이다. 따라서 해외 여행 시 돈보다도 더욱 중요하게 간수해야 하는 것이 바로 여권이다. 해외 여행을 준비하는 첫 단계는 여권을 발급 받는 일인데, 서울은 각 구청 또는 일부 동사무소, 각 시도는 시청이나 도청에서 발급해주므로 현재 본인이 거주하고 있는 곳에서 가장 가까운 발행처에 신청하면 된다.(전국 168개 기관)

여권의 종류는 신분에 따라 관용·외교관 그리고 일반여권으로 나뉘는데, 일반 관광객은 대개 유효 기간이 10년인 일반여권을 발급 받으면 된다. 여권 신청은 본인이 직접 할 수도 있지만, 여행사에서 수수료를 받고 대행해 주기도 한다.

일반여권 신청 구비 서류(성인)로는 여권용 사진 2매(최근 6개월 이내의 컬러사진)와 주민등록증(운전면허증)과 인지료 53,000원이 필요하다. 개인 신청 시에는 2~3일 정도, 성수기 및 여행사 대리 신청 시에는 10일 정도가 소요된다.

비자

방문하고자 하는 나라에서 입국을 허락하는 의미로 발급해 주
는 것이 비자이다. 중국은 반드시 입국을 허락하는 비자를
발급 받아야만 방문할 수 있는 나라이다. 중국 비자는 방
문 목적에 따라 관광(L)·상용(F)·유학생(X)·취업(Z) 비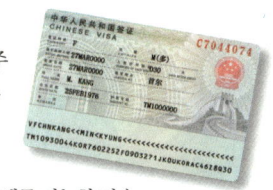
자 등으로 나뉘는데, 일반 관광은 대부분의 경우 30일까지 체류 가능한 단수
비자를 발급해 준다. 비자는 개인 신청이 불가능하므로 여행사에 수속을 의뢰한다.
중국 비자 신청 구비 서류(관광 단수비자)로는 비자 신청서와 여권(잔여 유효 기간 6개
월 이상), 여권용 사진 1매, 주민등록증 사본이 필요하고, 4일 정도면 비자를 받을 수 있
다. 경비는 보통 49,000원~60,000원 정도로 여행사마다 수수료가 다르므로 미리 저
렴한 여행사를 확인하는 것이 좋다. 급행이나 특급은 더 비싸다.
중국 현지 도착 비자가 북경이나 청도 등 몇 개 지역에 있지만, 평일이나 주말의 수속
가능 시간이 다를 뿐만 아니라 비행기 시간대도 잘 조정해야 하는 등의 유의 사항이 많
으므로 한국에서 비자 처리를 하는 것이 안전하다.
상단의 비자 번호(签证号码)는 중국 출입국 카드를 작성할 때 필요한 사항이니 별도로
수첩에 메모해 두면 편리하다.

항공권

현재 한·중간의 직항 노선은 북경·상해·천진 등 중국의 3대 도시를 비롯 저 멀리 남
쪽의 해남도까지 근 10여 곳에 이르며, 아직까지는 한·중 양국 국적기만 운항되고 있다.
따라서, 항공권은 방문 도시에 따라 대한항공(KE), 아시아나항공(OZ)이나 중국 국적의
중국국제항공(CA), 북방항공(CJ) 또는 동방항공(MU)에 문의하여 예약하면 된다. 항공
편을 예약할 때는 먼저 여권이나 비자가 확실하게 발급된 이후의 날짜를 정하여 미리

전화상으로 좌석을 예약하고, 출발하기 1주일 전이나 최대 3일 전까지는 항공권을 구입해야만 좌석 예약이 취소되지 않는다. 또한 이미 구매하였더라도 떠나기 72시간 전에 다시 한 번 예약을 확인하는 것이 좋다.

항공권은 왕복 할인이 적용되는 왕복 티켓을 구입하는 것이 좋다. 요즘엔 티켓 유효 기간이 1년, 6개월, 3개월, 1개월 등 다양하기 때문에 티켓 구입 시 유효 기간을 반드시 확인하고 귀국 날짜를 정해야만 한다. 귀국할 때 비행기 티켓 유효 기간을 놓쳐서 당황하는 일이 일어나지 않도록 세심한 주의를 기울여야 한다. 또한 왕복 티켓은 티켓 한 장에 가고 오는 왕복 비행기 표가 같이 찍혀 있으므로 실수로 버리지 말고 잘 보관하여야 한다. 왕복 오픈 티켓은 가는 날짜만 정하고 돌아오는 날짜를 미정으로 해서 가기 때문에, 중국에서 귀국 날짜를 신속히 결정해서 항공사를 통해 예약해야 한다. 성수기에는 최소한 한 달 전에 미리미리 예약해야 한다.

최근에는 전자 항공티켓을 많이 이용하는데, 전자 항공권에 기재된 성명, 비행 거리, 증명 서류 번호 등의 정보를 정확하게 확인해야 한다.

또한 24세 미만이며 현재 재학 중인 학생이라면 어느 항공사든 학생 할인 혜택을 받을 수 있다는 점도 알아두자.

국내 각 항공사 예약 및 서비스 전화
대한항공(KE) 1588-2001
중국국제항공(CA) (02) 774-6886
중국북방항공(CJ) (02) 775-9070
아시아나항공(OZ) 1588-8000
중국동방항공(MU) (02) 518-0330
중국남방항공(CZ) (02) 3455-1600

배표

비교적 여유로운 일정으로 저렴하게 중국 여행을 하고자 한다면 인천의 국제여객터미널에서 출발하는 중국행 배편을 이용하여 보자. 배편을 이용하더라도 여권을 꼭 소지하여 출·입국 심사를 받아야 하며, 비자 역시 미리 수속을 밟아 놓아야 한다. 전에는 배 안에서 비자 발급을 해주던 '선상비자' 제도가 있었는데, 최근 중국 정부의 비자 관리 강화 정책에 따라 이 비자 발급도 중단됐다.

배 안에 식당이 있긴 하지만, 가격이 음식 수준에 비해 좀 비싸기도 하고 우리 입맛에도 잘 맞지 않는 편이라서, 미리 컵라면이나 빵, 과일 등 요기할 수 있는 먹거리를 챙겨 가는 사람들도 많다.

환전(換錢)

현금은 공항에서 쉽게 환전할 수 있지만, 미리 시중 은행권에서 중국 돈 런민비로 환전해 놓는 것이 더 바람직하다. 공항에서는 환전할 시간이 여유롭지 못할 수도 있고, 인천공항에 있는 은행들이 받는 환전 수수료가 일반 시중 은행들보다 약간 높기 때문이다.

신용카드는 중국에서 현금처럼 사용하는 데 한계가 있기 때문에, 중국 단기 여행자들에게는 꼭 필요하진 않다. 하지만 만약의 상황을 대비해 해외에서 사용 가능한 카드를 하나쯤 챙기는 것도 좋을 듯하다.

PART 01

그림으로 보여 주는 알짜 단어

- ★ 기내에서
- ★ 입국 심사대에서
- ★ 숙소에서
- ★ 거리에서
- ★ 식당에서
- ★ 쇼핑에서
- ★ 약국에서
- ★ 시간
- ★ 때
- ★ 월
- ★ 요일 · 계절
- ★ 숫자
- ★ 가격
- ★ 신체
- ★ 색깔

기내에서

아래 단어를 빈칸에 넣어 보세요.

_____ 주세요.
请给我 _____ 。
Qǐng gěi wǒ
칭 게이 워

물(생수)
矿泉水
kuàngquánshuǐ
쾅취엔슈이

주스
果汁
guǒzhī
궈쯔

맥주
啤酒
píjiǔ
피지우

와인(포도주)
葡萄酒
pútáojiǔ
푸타오지우

휴지
卫生纸
wèishēngzhǐ
웨이셩즈

신문
报纸
bàozhǐ
빠오즈

무엇을 도와 드릴까요?
您需要帮忙吗?
닌 쉬야오 빵 망 마?

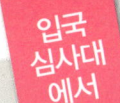
입국 심사대 에서

아래 단어를 빈칸에 넣어 보세요.

입국 목적은 _____ 입니다.
我来的目的是 _____ 。
Wǒ lái de mùdì shì
워 라이더 무띠 스

관광
观光
guānguāng
꽌꽝

비즈니스
工作
gōngzuò
꽁쭤

공부
学习
xuéxí
쉬에시

유학
留学
liúxué
리우쉬에

친구 방문
看朋友
kàn péngyou
칸 펑여우

친척 방문
探亲
tànqīn
탄친

숙소에서

아래 단어를 빈칸에 넣어 보세요.

방 안에 　　　　　 있어요?
房间里有没有 　　　　　 ?
Fángjianli　yǒu méiyǒu
팡지엔리　여우 메이여우

텔레비전
电视
diànshì
띠엔스

데스크탑 컴퓨터
电脑
diànnǎo
띠엔나오

전화
电话
diànhuà
띠엔화

이불
被子
bèizi
뻬이즈

탁상용 전등
台灯
táidēng
타이떵

두루마기 화장지
卫生卷纸
wèishēngjuǎnzhǐ
웨이셩쥐엔즈

열쇠
钥匙
yàoshi
야오스

베개
枕头
zhěntou
쩐터우

아래 단어를 빈칸에 넣어 보세요.

방 안에 ___ 있어요?
房间里有没有 ___ ?
Fángjianli yǒu méiyǒu
팡지엔리 여우 메이여우

비누
肥皂
féizào
페이짜오

샴푸
洗发水
xǐfāshuǐ
시파슈이

치약
牙膏
yágāo
야까오

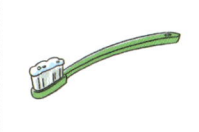

칫솔
牙刷
yáshuā
야슈아

타올
手巾
shǒujīn
쇼우진

화장실
洗手间
xǐshǒujiān
시쇼우지엔

거리에서 — 건물

☐ 이 어디에 있어요?
☐ 在哪儿?
zài nǎr
짜이 날

지하철역
地铁站
dìtiězhàn
띠티에쨘

버스정류장
公共汽车站
gōnggòngqìchēzhàn
꽁꽁치쳐쨘

백화점
百货大楼
bǎihuòdàlóu
바이훠따러우

서점
书店
shūdiàn
슈디엔

화장실
洗手间
xǐshǒujiān
시쇼우지엔

레스토랑
餐馆
cānguǎn
찬관

패스트푸드점
快餐
kuàicān
콰이찬

술집
酒店
jiǔdiàn
지우디엔

편의점
便利店
biànlìdiàn
삐엔리디엔

아래 단어를 빈칸에 넣어 보세요.

이 근처에 _____ 이(가) 있나요?
这附近有 _____ 吗?
Zhè fùjìn yǒu   ma
쪄   푸진 여우   마

은행
银行
yínháng
인항

우체국
邮局
yóujú
여우쥐

병원
医院
yīyuàn
이위엔

파출소
派出所
pàichūsuǒ
파이츄쑤오

커피숍
咖啡厅
kāfēitīng
카페이팅

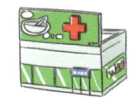
약국
药店
yàodiàn
야오디엔

PC방
网吧
wǎngbā
왕빠

노래방
歌厅
gētīng
꺼팅

슈퍼마켓
超市
chāoshì
챠오스

국수집
面店
miàndiàn
미엔디엔

식당
餐厅
cāntīng
찬팅

야시장
夜市
yèshì
이에스

거리에서

위치

아래 단어를 빈칸에 넣어 보세요.

그곳(것)은 _____ 에 있어요.
那在 _____。
Nà zài
나 짜이

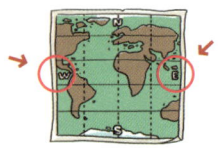

동쪽 / 서쪽
东边 / 西边
dōngbiān / xībiān
똥비엔 / 씨비엔

남쪽 / 북쪽
南边 / 北边
nánbiān / běibiān
난비엔 / 베이비엔

앞 / 뒤
前边 / 后边
qiánbiān / hòubiān
치엔비엔 / 허우비엔

오른쪽 / 왼쪽
右边 / 左边
yòubiān / zuǒbiān
여우비엔 / 주어비엔

저쪽 / 이쪽
那边 / 这边
nàbiān / zhèbiān
나비엔 / 쩌비엔

길을 잃었어요.
我迷路了.
워 미 루 러.

식당에서

음식

아래 단어를 빈칸에 넣어 보세요.

_____를(을) 주세요.
请给我 _____ 。
Qǐng gěi wǒ
칭 게이 워

햄버거
汉堡包
hànbǎobāo
한바오빠오

스테이크
肉排
ròupái
러우파이

과일
水果
shuǐguǒ
슈이궈

빵
面包
miànbāo
미엔빠오

케익
蛋糕
dàngāo
딴까오

푸딩
布丁
bùdīng
뿌딩

아이스크림
冰激凌
bīngjīlíng
삥찌링

카레라이스
咖喱饭
gālífàn
까리판

밥
米饭
mǐfàn
미판

여기요!
服务员!
푸우위엔!

이거 주세요.
我要这个。
워 야오 쩌거.

식당에서 음식

_____(으)로 주세요.
请给我_____。
Qǐng gěi wǒ
칭 게이 워

불고기
烤肉
kǎoròu
카오러우

중국식 샤브샤브
火锅
huǒguō
훠궈

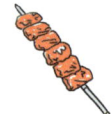
양꼬치 구이
羊肉串(儿)
yángròuchuàn(r)
양러우츄알

북경 오리 구이
北京烤鸭
Běijīngkǎoyā
베이징 카오야

만두
饺子
jiǎozi
지야오즈

소 있는 찐빵
包子
bāozi
빠오즈

국수
面条
miàntiáo
미엔티야오

채소 요리
素菜
sùcài
쑤차이

탕
汤
tāng
탕

음료수 아래 단어를 빈칸에 넣어 보세요.

_____ (으)로 주세요.
请给我 _____ 。
Qǐng gěi wǒ
칭 게이 워

찬 거 / 따뜻한 거
冰的 / 热的
bīng de / rè de
삥더 / 러더

커피
咖啡
kāfēi
카페이

코코아
可可
kěkě
커커

주스
果汁
guǒzhī
궈쯔

콜라
可乐
kělè
컬러

우유
牛奶
niúnǎi
니우나이

두유
豆奶
dòunǎi
또우나이

녹차
绿茶
lǜchá
뤼챠

우롱차
乌龙茶
wūlóngchá
우롱차

사이다
汽水
qìshuǐ
치슈이

버블티
珍珠奶茶
zhēnzhūnǎichá
쩐쥬나이챠

식당에서

술

_____(으)로 주세요.

请给我_____。
Qǐng gěi wǒ
칭 게이 워

생맥주
扎啤
zhāpí
쟈피

병맥주
啤酒
píjiǔ
피지우

위스키
威士忌
wēishìjì
웨이스지

와인(포도주)
葡萄酒
pútáojiǔ
푸타오지우

소주
烧酒
shāojiǔ
샤오지우

배갈
白酒
báijiǔ
바이지우

조미료 아래 단어를 빈칸에 넣어 보세요.

_____ (으)로 주세요.
请给我 _____ 。
Qǐng gěi wǒ
칭 게이 워

간장
酱油
jiàngyóu
찌양여우

겨자
芥末
jièmo
찌에모

마늘
蒜
suàn
쑤안

소금
盐
yán
옌

고추
辣椒
làjiāo
라지야오

케첩
番茄酱
fānqiéjiàng
판치에지양

설탕
糖
táng
탕

후추
胡椒
hújiāo
후찌아오

식초
醋
cù
추

참기름
香油
xiāngyóu
씨양여우

고추기름
辣油
làyóu
라여우

식당에서

식기

▢를(을) 주세요.

我要 ▢。
Wǒ yào
워 야오

숟가락
勺子
sháozi
샤오즈

젓가락
筷子
kuàizi
콰이즈

칼 (먹을 때 쓰는)
餐刀
cāndāo
찬따오

유리컵
杯子
bēizi
뻬이즈

포크
叉子
chāzi
챠즈

작은 접시
碟子
diézi
디에즈

밥그릇
碗
wǎn
완

국자
汤勺
tāngsháo
탕샤오

쇼핑에서

전자제품

아래 단어를 빈칸에 넣어 보세요.

_____를(을) 찾아요.

我找 _____ 。
Wǒ zhǎo
워 쟈오

데스크탑 컴퓨터
电脑
diànnǎo
띠엔나오

노트북
笔记本
bǐjìběn
비지번

핸드폰
手机
shǒujī
쇼우지

MP3플레이어
MP3
MPsān
엠피싼

디지털 카메라
数码相机
shùmǎxiāngjī
슈마씨양지

이어폰
耳机
ěrjī
얼지

영화DVD
电影碟
diànyǐngdié
띠엔잉디에

게임소프트DVD
游戏碟
yóuxìdié
여우씨디에

전화
电话
diànhuà
띠엔화

텔레비전
电视
diànshì
띠엔스

쇼핑에서

쇼핑에 필요한 기본 형용사

이건 _____ 해요.
这是 _____ 。
Zhè shì
쪄 스

비싸다
贵
guì
꾸이

싸다
便宜
piányi
피엔이

크다
大
dà
따

작다
小
xiǎo
씨야오

가볍다
轻
qīng
칭

무겁다
重
zhòng
쭝

아래 단어를 빈칸에 넣어 보세요.

이건 _____ 해요.
这是 _____ 。
Zhè shì
쩌 스

짧다
短
duǎn
두안

길다
长
cháng
창

많다
多
duō
뚜어

적다
少
shǎo
샤오

새롭다
新
xīn
씬

낡다
旧
jiù
찌우

쇼핑에서

잡화 / 일용품

_____ 있어요?

有没有 _____ ?
Yǒu méiyǒu
여우 메이여우

선글라스
太阳眼镜
tàiyáng yǎnjìng
타이양옌징

안경
眼镜
yǎnjìng
옌징

손목시계
手表
shǒubiǎo
쇼우비아오

반지
戒指
jièzhǐ
지에즈

목걸이
项链
xiàngliàn
씨양리엔

팔찌
手镯
shǒuzhuó
쇼우쥬어

귀고리
耳环
ěrhuán
얼환

비누
肥皂
féizào
페이짜오

샴푸
洗发水
xǐfàshuǐ
시파슈이

아래 단어를 빈칸에 넣어 보세요.

_____ 있어요?
有没有 _____ ?
Yǒu méiyǒu
여우 메이여우

담배
烟
yān
옌

라이터
打火机
dǎhuǒjī
다훠지

우산
雨伞
yǔsǎn
위산

화장품
化妆品
huàzhuāngpǐn
화쥬앙핀

가방
包
bāo
빠오

지갑
钱包
qiánbāo
치엔빠오

현금
现金
xiànjīn
씨엔진

카드
信用卡
xìnyòngkǎ
씬용카

현금으로 할게요.
我用现金支付。
워 용 씨엔진 즈푸.

쇼핑에서 의류

有没有 　　　　 있어요?　?
Yǒu méiyǒu
여우 메이여우

티셔츠
T-恤衫
T-xùshān
티쉬샨

와이셔츠
衬衫
chènshān
천샨

블라우스
女衬衫
nǚchènshān
뉘천샨

스웨터
毛衣
máoyī
마오이

양복
西装
xīzhuāng
씨쮸앙

원피스
连衣裙
liányīqún
리엔이췬

넥타이
领带
lǐngdài
링따이

양말
袜子
wàzi
와즈

코트
外套
wàitào
와이타오

아래 단어를 빈칸에 넣어 보세요.

☐ 있어요?
有没有 ☐ ?
Yǒu méiyǒu
여우 메이여우

바지
裤子
kùzi
쿠즈

청바지
牛仔裤
niúzǎikù
니우자이쿠

스커트
裙子
qúnzi
췬즈

구두
皮鞋
píxié
피씨에

운동화
运动鞋
yùndòngxié
윈똥씨에

모자
帽子
màozi
마오즈

약국에서

약 있어요?

有没有 ?
Yǒu méiyǒu
여우 메이여우

소독약
消毒药
xiāodúyào
씨야오두야오

감기약
感冒药
gǎnmàoyào
간마오야오

해열제/진통제
退烧药/止痛药
tuìshāoyào/zhǐtòngyào
투이샤오야오/즈통야오

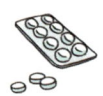

소화제
消化剂
xiāohuàjì
씨야오화찌

변비약
便秘药
biànmìyào
삐엔미야오

멀미약
晕车药
yūnchēyào
윈쳐야오

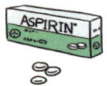

아스피린
阿司匹林
Āsīpǐlín
아쓰피린

연고
软膏
ruǎngāo
루안까오

반창고
胶布
jiāobù
찌야오뿌

병명

아래 단어를 빈칸에 넣어 보세요.

_____ 에 걸렸어요 / _____ 해요.

我 _____ 了。
Wǒ　　　　　le
워　　　　　러

감기
感冒
gǎnmào
간마오

식중독
食物中毒
shíwù zhòngdú
스우쭝두

두통
头疼
tóuténg
터우텅

복통
肚子疼
dùziténg
뚜즈텅

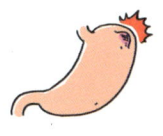

위통
胃痛
wèitòng
웨이퉁

치통
牙疼
yáténg
야텅

변비
便秘
biànmì
삐엔미

생리통
痛经
tòngjīng
퉁징

멀미
晕车
yūchē
윈쳐

시간			
몇 시예요?	8시	예요.	
几点?	八点	。	
Jǐ diǎn?			
지 디엔?			

시간			
1시	一点	yī diǎn	이 디엔
2시	两点	liǎng diǎn	리양 디엔
3시	三点	sān diǎn	싼 디엔
4시	四点	sì diǎn	쓰 디엔
5시	五点	wǔ diǎn	우 디엔
6시	六点	liù diǎn	리우 디엔
7시	七点	qī diǎn	치 디엔
8시	八点	bā diǎn	빠 디엔
9시	九点	jiǔ diǎn	지우 디엔
10시	十点	shí diǎn	스 디엔
11시	十一点	shíyī diǎn	스이 디엔
12시	十二点	shí'èr diǎn	스얼 디엔
분	分	fēn	펀
초	秒	miǎo	미야오
5분	五分	wǔ fēn	우 펀
10분	十分	shí fēn	스 펀
15분	十五分, 一刻	shíwǔ fēn, yíkè	스우 펀, 이 커
30분	三十分, 半	sānshí fēn, bàn	싼스 펀, 빤
45분	四十五分, 三刻	sìshíwǔ fēn, sān kè	쓰스우 펀, 싼 커
50분	五十分	wǔshí fēn	우스 펀
15초	十五分 秒	shíwǔ miǎo	스우 미야오
30초	三十分 秒	sānshí miǎo	싼스 미야오

때

언제 오나요(왔나요)?　저녁　에요.
什么时候来?　晚上　。
Shénme shíhou lái?
션머　스허우　라이?

주일			
일, 하루	天	tiān	티엔
주	星期	xīngqī	씽치
월	月	yuè	위에
연	年	nián	니엔
새벽	早晨	zǎochén	자오천
아침	早上	zǎoshang	자오상
오전	上午	shàngwǔ	상우
정오	中午	zhōngwǔ	쫑우
오후	下午	xiàwǔ	씨아우
저녁	晚上	wǎnshang	완샹
밤	夜里	yèli	예리
그제	前天	qiántiān	치엔티엔
어제	昨天	zuótiān	쭈어티엔
오늘	今天	jīntiān	찐티엔
내일	明天	míngtiān	밍티엔
모레	后天	hòutiān	허우티엔
오늘 아침	今早	jīnzǎo	찐자오
오늘 저녁	今晚	jīnwǎn	찐완
오늘 밤	今夜	jīnyè	찐예
작년	去年	qùnián	취니엔
금년	今年	jīnnián	찐니엔
내년	明年	míngnián	밍니엔

몇 월이에요?　　　8월 이에요.
几月?　　　　　　八月 。
Jǐ yuè?
지 위에?

월			
달, 월	月	yuè	위에
1월	一月	yī yuè	이 위에
2월	二月	èr yuè	얼 위에
3월	三月	sān yuè	싼 위에
4월	四月	sì yuè	쓰 위에
5월	五月	wǔ yuè	우 위에
6월	六月	liù yuè	리우 위에
7월	七月	qī yuè	치 위에
8월	八月	bā yuè	빠 위에
9월	九月	jiǔ yuè	지우 위에
10월	十月	shí yuè	스 위에
11월	十一月	shíyī yuè	스이 위에
12월	十二月	shí'èr yuè	스얼 위에
지난 달	上月	shàng yuè	샹 위에
이번 달	这月	zhè yuè	쩌 위에
다음 달	下月	xià yuè	씨야 위에

무슨 요일이에요?　　`월요일` 이에요.
星期几?　　　　　`星期一` 。
Xīngqī jǐ?
씽치 지?

요일			
주, 요일	星期	xīngqī	씽치
일요일	星期日	xīngqīrì	씽치르
월요일	星期一	xīngqīyī	씽치이
화요일	星期二	xīngqī'èr	씽치얼
수요일	星期三	xīngqīsān	씽치싼
목요일	星期四	xīngqīsì	씽치쓰
금요일	星期五	xīngqīwǔ	씽치우
토요일	星期六	xīngqīliù	씽치리우
공휴일	假日	jiàrì	찌야르
지난 주	上星期	shàng xīngqī	샹 씽치
이번 주	这星期	zhè xīngqī	쩌 씽치
다음 주	下星期	xià xīngqī	씨야 씽치

계절			
봄	春天	chūntiān	츈티엔
여름	夏天	xiàtiān	씨야티엔
가을	秋天	qiūtiān	치우티엔
겨울	冬天	dòngtiān	똥티엔

숫자

몇 개예요? 세 개 **예요.**

几个? 三个 。

Jǐ ge?
지 거?

숫자 (Number)			
0	零	líng	링
1	一	yī	이
2	二	èr	얼
3	三	sān	싼
4	四	sì	쓰
5	五	wǔ	우
6	六	liù	리우
7	七	qī	치
8	八	bā	빠
9	九	jiǔ	지우
10	十	shí	스
11	十一	shíyī	스이
12	十二	shí'èr	스얼
13	十三	shísān	스싼
14	十四	shísì	스쓰
15	十五	shíwǔ	스우
16	十六	shíliù	스리우
17	十七	shíqī	스치
18	十八	shíbā	스빠
19	十九	shíjiǔ	스지우
20	二十	èrshí	얼스

가격

값이 얼마예요?
多少钱?
Duōshao qián.
뚜어샤오 치엔.

삼십 위엔이에요.
三十 **块钱。**
Kuài qián.
콰이 치엔.

30	三十	sānshí	싼스
40	四十	sìshí	쓰스
50	五十	wǔshí	우스
60	六十	liùshí	리우스
70	七十	qīshí	치스
80	八十	bāshí	빠스
90	九十	jiǔshí	지우스
100	一百	yìbǎi	이바이
1,000	一千	yìqiān	이치엔
10,000	一万	yíwàn	이완
100,000	十万	shíwàn	스완
1,000,000	一百万	yìbǎiwàn	이바이완
1/2	二分之一	èr fēn zhī yī	얼 펀즈 이
1/3	三分之一	sān fēn zhī yī	싼 펀즈 이
1/4	四分之一	sì fēn zhī yī	쓰 펀즈 이
2배	两倍	liǎng bèi	리양 뻬이
3배	三倍	sān bèi	싼 뻬이
한 번	一次	yí cì	이 츠
두 번	两次	liǎng cì	리양 츠
세 번	三次	sān cì	싼 츠
위엔 (돈의 단위)	元, 块	yuán, kuài	위엔, 콰이
지야오 (10角=1元)	角, 毛	jiǎo, máo	지야오, 마오

신체

_____(이)가 아파요.

我的 _____ 疼。
Wǒ de　　　　　　téng
워 더　　　　　　　　텅

가슴	胸	xiōng	씨용
간장	肝肠	gāncháng	깐창
귀	耳朵	ěrduo	얼두오
눈	眼睛	yǎnjing	옌징
다리	腿	tuǐ	투이
등	背	bèi	뻬이
머리	头	tóu	터우
목	脖子	bózi	뽀즈
목구멍	喉咙	hóulóng	호우롱
무릎	膝盖	xīgài	씨까이
발	脚	jiǎo	지야오
발가락	脚趾	jiǎozhǐ	지야오즈
발목	腿腕子	tuǐwànzi	투이완즈
손	手	shǒu	쇼우
손가락	手指	shǒuzhǐ	쇼우즈
손목	手腕子	shǒuwànzi	쇼우완즈
심장	心脏	xīnzàng	씬짱
어깨	肩膀	jiānbǎng	지엔방
이마	额头	étou	어토우
코	鼻子	bízi	비즈
팔	胳膊	gēbo	꺼보
허리	腰	yāo	야오

색깔

~을(를) 찾아요.
我找 _____ 。
Wǒ zhǎo
워 쟈오

색깔			
갈색	棕色	zōngsè	쫑써
검은색	黑色	hēisè	헤이써
노란색	黄色	huángsè	황써
녹색	绿色	lǜsè	뤼써
보라색	紫色	zǐsè	쯔써
분홍색	粉红色	fěnhóngsè	펀홍써
빨간색	红色	hóngsè	홍써
오렌지색	橘黄色	júhuángsè	쥐황써
푸른색	蓝色	lánsè	란써
회색	灰色	huīsè	후이써
흰색	白色	báisè	바이써

PART 02

꼭 필요한 것만 모은 알짜 표현

★ CHAPTER 1   기본 표현
★ CHAPTER 2   기내
★ CHAPTER 3   중국 공항
★ CHAPTER 4   호텔
★ CHAPTER 5   식당
★ CHAPTER 6   교통
★ CHAPTER 7   관광
★ CHAPTER 8   쇼핑
★ CHAPTER 9   공공시설
★ CHAPTER 10 긴급상황
★ CHAPTER 11 귀국

Chapter 01 기본 표현

Tip. 중국 소개

01 인사하기

02 소개하기

03 상대방에게 질문하기(1)

04 상대방에게 질문하기(2)

05 상대방의 질문에 대답하기

06 상대방에게 제안하기

07 감사 및 사과하기

08 부탁하기

09 초대 및 방문하기

Tip. 중국 소개

중국은 세계 4대 문명 발상지 중 하나이며, 전 세계 인구의 1/4에 달하는 13억 인구와 한반도 크기의 약 44배에 달하는 영토를 가진 실로 거대한 나라이다. 또한 중국은 예로부터 우리와 오랫동안 역사와 문화 등을 다양하게 교류하고 공유했던 나라이기도 하다. 현대사 50여 년을 이념적 갈등으로 소원하긴 했지만, 1992년 한중 수교 이후엔 뗄래야 뗄 수 없는 이웃나라로서의 긴밀한 관계를 형성하고 상호 발전적인 현재와 미래를 추구하고자 노력하고 있다.

국명
중화인민공화국(中华人民共和国) - 중국

면적
약 960만㎢ 정도, 평원 20%, 산지 33%, 초원 26% 분지 16%, 구릉 5% 정도의 지형으로서 실지로 경작이 가능한 토지는 11/100 정도에 불과하다.

인구
13억여 명으로, 현재 중국에서는 인구 증가를 억제하기 위해 1가구 1자녀 산아제한 정책을 실시하고 있다.

민족
흔히 우리가 중국인이라 말하는 한족(汉族)이 95% 정도이며, 기타 소수의 56개 민족이 5~6%를 차지하고 있다.

행정 구역
4개 직할시(북경 · 상해 · 천진 · 중경), 2개 특별시 (홍콩 · 마카오), 22개의 성, 5개의 자치구(内蒙古 · 广西壮族 · 宁夏 · 西藏 · 新疆维吾尔)

지역 구분
화북 지역(华北地区): 북경 · 천진시 및 하북 · 산서성과 내몽골 자치구의 서부 지역
동북 지역(东北地区): 요녕 · 길림 · 흑룡강성 및 내몽골 자치구의 동부 지역
화동 지역(华东地区): 상해시와 강소 · 절강 · 안휘 · 강서 · 복건 · 산동성 등 지역
화남 지역(华南地区): 하남 · 호북 · 호남 · 광동 · 해남성 및 광서 장족 자치구 지역

서북 지역(西北地区) : 섬서 · 감숙 · 청해성과 영하 회족 및 신장 위구르 자치구 지역
서남 지역(西南地区) : 사천 · 운남 · 귀주성 및 서장 자치구 지역

기후

대부분 온대몬순권 기후이나 영토가 워낙 방대하여 지역별로 차이가 있다. 예를 들면, 중국 최남단인 해남도는 연평균 24℃가 넘는 열대기후이며, 북쪽에 위치한 흑룡강성은 연평균 기온 4℃에 불과한 냉대기후이다. 따라서 장기간 여행 시에는 목적지의 기후에 따라 의복을 준비해야 한다.

공식 언어

표준 중국어를 중국에서는 보통화(普通话)라고 한다.

공식 문자

간체자(简体字)는 1950년대 이후 중국에서 원래 한자의 모양을 간략하게 만든 것으로, 기본적인 한자를 어느 정도 아는 사람이라면 간체자를 알아보는 데 큰 무리가 없을 것이다.

화폐

중국 돈 런민비(人民币)의 단위는 위엔(元)이다. 1元은 우리 돈 150원 정도, 10元은 1,500원 정도, 100元은 15,000원 정도에 해당한다. (런민비와 한국 돈의 환율은 매일매일 다르기 때문에 2008년 여름을 기준으로 함. 현재 런민비가 지속적으로 평가절하하고 있는 추세임.) 보조 통화로 지야오(角)가 사용되고 있는데 일상생활에서는 보통 元은 块(콰이)로 角는 毛(마오)로 부른다. (1元 = 10角)

시차

1시간 (한국 시각 오전 10시는 중국 시각 오전 9시에 해당함.)

주요 경축일

신년(元旦) : 양력 1월 1일
청명절(清明节) : 양력 4월 4일 또는 5일
노동절(劳动节) : 5월 1일
국경절(国庆节) : 10월 1일

춘절(春节) : 음력 1월 1일
단오절(端午节) : 음력 5월 5일
중추절(中秋节) : 음력 8월 15일

기타 소수 민족 축제는 별도로 행해지고 있다.

기본 표현: 인사하기

안녕하세요?
Hello.

좋은 아침(저녁)이에요.
Good morning!(Good evening!)

처음 뵙겠습니다. (잘 부탁 드립니다.)
Nice to meet you! I've heard about you a lot.

어떻게 지내세요?
How are you?

저는 잘 지냅니다.
I'm fine, thank you.

만나서 반갑습니다.
It's great to see you!

안녕히 가세요.
Good bye!

니 하오!
你好！
Nǐ hǎo!

자오샹 하오! / 완샹 하오!
早上好！(晚上好！)
Zǎoshang hǎo! (Wǎnshang hǎo!)

츄츠 지엔미엔. (칭 뚜어 꽌쨔오.)
初次见面。(请多关照。)
Chūcì jiànmiàn. (Qǐng duō guānzhào.)

니 하오 마?
你好吗？
Nǐ hǎo ma?

워 헌 하오!
我很好。
Wǒ hěn hǎo.

런스 니 헌 까오싱.
认识你很高兴。
Rènshi nǐ hěn gāoxìng.

짜이지엔!
再见！
Zàijiàn!

기본 표현: 소개하기

성함이 어떻게 되세요?
What's your name?

제 이름은 강동원입니다.
My name is Dong-won Kang.

이분은 장선생님입니다.
This is Mr. Zhang.

어디에서 오셨어요?
Where are you from?

저는 한국 서울에서 왔습니다.
I'm from Seoul Korea.

제 명함입니다.
This is my business card.

좋은 친구가 되었으면 합니다.
I hope we'll make good friends.

니 찌야오 션머(밍쯔)?
你叫什么(名字)?
Nǐ jiào shénme(míngzi)?

워 찌야오 찌양 똥위엔.
我叫姜东元。
Wǒ jiào Jiāng Dōngyuán.

쩌웨이 스 쨩 시엔셩.
这位是张先生。
Zhè wèi shì Zhāng xiānsheng.

니 총 날리 라이?
你从哪里来?
Nǐ cóng nǎli lái?

워 총 한궈 쇼우얼 라이.
我从韩国首尔来。
Wǒ cóng Hánguó Shǒu'ěr lái.

쩌 스 워더 밍피엔.
这是我的名片。
Zhè shì wǒ de míngpiàn.

씨왕 워먼 넝 쳥웨이 하오 펑여우.
希望我们能成为好朋友。
Xīwàng wǒmen néng chéngwéi hǎo péngyou.

기본 표현: 상대방에게 질문하기 (1)

올해 나이가 어떻게 되세요?
How old are you?

언제 떠나십니까?
When are you leaving?

어디에 사세요?
Where do you live?

화장실은 어디에 있습니까?
Where is the restroom?

몇 시입니까?
What time is it?

무슨 일을 하세요?
What do you do?

오늘이 며칠입니까?
What's the date today?

찐니엔 뚜어따 러?
今年多大了?
Jīnnián duōdà le?

션머 스허우 리카이?
什么时候离开?
Shénme shíhou líkāi?

니 짜이 날리 쮸?
你在哪里住?
Nǐ zài nǎli zhù?

시쇼우지엔 짜이 날리?
洗手间在哪里?
Xǐshǒujiān zài nǎli?

지 디엔 러?
几点了?
Jǐ diǎn le?

니 쭈어 션머 꽁쭈어?
你做什么工作?
Nǐ zuò shénme gōngzuò?

찐티엔 지 하오?
今天几号?
Jīntiān jǐ hào?

기본 표현: 상대방에게 질문하기 (2)

이 단어는 어떻게 읽습니까?
How do you pronounce this word?

왜 이렇게 늦었어요?
What took you so long?

왜 그렇게 생각하세요?
Why do you think so?

누구세요? (전화)
Who's calling?

이 버스가 공항에 가나요?
Does this bus go to the airport?

어느 것을 원하십니까?
Which would you like?

이것 좀 봐도 될까요?
May I have a look at it?

쩌거 쯔 전머 니엔?
这个字怎么念?
Zhè ge zì zěnme niàn?

전머 쩌머 완?
怎么这么晚?
Zěnme zhème wǎn?

웨이션머 쩌머 씨양?
为什么这么想?
Wèishénme zhème xiǎng?

셰이 아?
谁啊?
Shéi a?

쩌 쳐 따오 부 따오 지챵?
这车到不到机场?
Zhè chē dào bu dào jīchǎng?

씨환 나거?
喜欢哪个?
Xǐhuan nǎ ge?

워 커이 칸 이샤 쩌거 마?
我可以看一下这个吗?
Wǒ kěyǐ kàn yíxià zhè ge ma?

기본 표현 — 상대방의 질문에 대답하기

예. / 아니오.
Yes. / No.

알겠습니다. / 모르겠습니다.
I see. / I don't know.

맞습니다. / 틀립니다. (그렇지 않습니다.)
That's right(correct). / That's not correct!

됩니다. / 안 됩니다.
That's all right. That's okay. / I am afraid not.

아니오, 괜찮습니다.
No, thank you.

정말입니까?
Really?

다시 한 번 말씀해 주시겠어요?
Pardon?

스더. / 부스.
是的。/ 不是。
Shì de. Bú shì.

즈따오 러. / 부즈따오.
知道了。/ 不知道。
Zhīdao le. Bù zhīdào.

뚜이. / 부뚜이.
对。/ 不对。
Duì. Bú duì.

씽. / 뿌씽. (커이. / 뿌커이.)
行。/ 不行。(可以。/ 不可以。)
Xíng. Bù xíng. Kěyǐ. Bù kěyǐ.

부용 러, 씨에시에.
不用了，谢谢。
Bú yòng le, xièxie.

쩐더 마?
真的吗?
Zhēn de ma?

칭 짜이 슈어 이츠!
请再说一次!
Qǐng zài shuō yí cì!

기본 표현: 상대방에게 제안하기

갑시다.
Let's go.

각자 계산합시다.
Let's go dutch.

그곳에 가지 않을래요?
Don't you want to go there?

쇼핑하러 가는 것 어때요?
How about going shopping?

저녁 식사 하러 가시겠어요?
Will you go out for dinner?

박물관으로 가셔야 합니다.
You should go to the museum.

제가 같이 가겠습니다.
I'll go with you.

저우 바.
走吧。
Zǒu ba.

꺼푸 꺼더 바.　(에이에이즈)
各付各的吧。(AA制)
Gè fù gè de ba.　　AAzhī

니 야오 부야오 취 나리?
你要不要去那里?
Nǐ yào bú yào qù nàli?

취 마이 똥시 전머양?
去买东西怎么样?
Qù mǎi dōngxi zěnmeyàng?

씨양 츄취 츠 완판 마?
想出去吃晚饭吗?
Xiǎng chūqù chī wǎnfàn ma?

니 잉까이 취 보우관.
你应该去博物馆。
Nǐ yīnggāi qù bówùguǎn.

워 야오 허 니 이치 취.
我要和你一起去。
Wǒ yào hé nǐ　yìqǐ　qù.

기본 표현 — 감사 및 사과하기

고맙습니다.
Thank you.

친절히 대해 주셔서 감사합니다.
Thank you for your kindness.

별말씀을요.
You're welcome.

실례합니다.
Excuse me.

죄송합니다.
I'm sorry.

제가 실수를 했습니다.
I made a mistake.

고의로 그런 것은 아닙니다.
I didn't do it on purpose.

씨에시에.
谢谢。
Xièxie.

씨에시에 니더 하오이.
谢谢你的好意。
Xièxie nǐ de hǎoyì.

비에 커치.
别客气。
Bié kèqi.

다라오 이샤.
打扰一下。
Dǎrǎo yíxià.

뚜이부치.
对不起。
Duìbuqǐ.

스우 러.
失误了。
Shīwù le.

워 부스 꾸이더.
我不是故意的。
Wǒ bú shì gùyì de.

기본 표현: 부탁하기

예약을 하고 싶습니다.
I'd like to make a reservation.

동물원에 가고 싶습니다.
I'd like to go to the zoo.

이것으로 주세요.
I'd like this one, please.

부탁 좀 해도 될까요?
Would you do me a favor?

여기서 담배를 피워도 됩니까?
Would you mind if I smoke here?

들어가도 됩니까?
May I come in?

잠깐만 기다려 주세요.
Please wait a minute.

워 씨양 위위에.

我想预约。

Wǒ xiǎng yùyuē.

워 씨양 취 똥우위엔.

我想去动物园。

Wǒ xiǎng qù dòngwùyuán.

칭 게이 워 쩌거.

请给我这个。

Qǐng gěi wǒ zhè ge.

커이 빵 워거 망 마?

可以帮我个忙吗？

Kěyǐ bāng wǒ ge máng ma?

커이 짜이 쩌리 씨옌 마?

可以在这里吸烟吗？

Kěyǐ zài zhèlǐ xīyān ma?

워 커이 찐라이 마?

我可以进来吗？

Wǒ kěyǐ jìnlái ma?

칭 덩 워 이훨.

请等我一会儿。

Qǐng děng wǒ yíhuìr.

기본 표현: 초대 및 방문하기

물론 가고 말고요.
Sure, I want to go with you.

코트를 이리로 주세요.
Let me take your coat.

파티에 초대하고 싶습니다.
I'd like to invite you to my party.

건배합시다.
Cheers!

충분합니다.
It's enough.

편히 쉬세요. (내 집처럼)
Make yourself at home, please.

마음껏 드세요.
Please help yourself.

땅란 커이 취.
当然可以去。
Dāngrán kěyǐ qù.

워 빵 니 나 따이.
我帮你拿大衣。
Wǒ bāng nǐ ná dàyī.

워 씨양 칭 니 찬지야 워더 파이뚜이.
我想请你参加我的派对。
Wǒ xiǎng qǐng nǐ cānjiā wǒ de pàiduì.

깐뻬이!
干杯！
Gānbēi!

꺼우 러.
够了。
Gòu le.

칭 쑤이삐엔. (씨양 짜이 쯔지 찌야리 이양)
请随便。（像在自己家里一样）
Qǐng suíbiàn. (Xiàng zài zìjǐ jiāli yíyàng)

칭 쯔삐엔.
请自便。
Qǐng zìbiàn.

Chapter 02 기내

> Tip. 출국 절차

10 좌석 찾기

11 음료 서비스 받기

12 식사 서비스 받기

13 기타 서비스 요청하기

14 간단한 의료 서비스 받기

15 입국 신고서 작성하기

Tip. 출국 절차

여행 당일 비행기편 이용 시에는 비행기 출발 2시간 전까지 국제공항에, 배편은 출발 3시간 전까지 국제 여객터미널에 도착하여 탑승 절차를 밟아야 한다.

공항에서의 출국 순서

탑승 수속
공항 도착 후, 본인이 이용하려는 항공사의 카운터로 가서 탑승 절차를 밟아야 한다.
탑승 수속을 할 때에는 먼저 여권과 항공권을 제출한 다음, 수화물을 부친다. 대개 1인당 20kg 정도까지는 무료이나, 그 이상은 초과 중량 비용을 별도로 내야 하니 이에 유의하여 여행 짐을 챙겨야 한다. 이상의 절차를 마치면 항공사 직원이 좌석 번호와 탑승구를 알려 주며, 제출했던 여권과 탑승권(Boarding pass) 그리고 짐표와 왕복 오픈 티켓 비행기표를 돌려주는데, 이를 받아 출국 장소로 이동하면 된다.

보안 검사
여권과 탑승권을 내보이고 출국 장소 안으로 들어가면, 먼저 보안 검사를 받게 된다. 기내로 들고 갈 짐뿐만 아니라 핸드백이나 주머니 속에 있는 물건들까지 보안 검사대 위에 올려 놓아야 하므로 위험한 물건이나 유해물이 될 수 있는 것들은 아예 소지하지 않는 것이 좋다.

세관 신고
출국 시 고가품을 휴대한 사람은 미리 세관에 신고해야만 귀국 시 고가물품 반입으로 처리되어 억울하게 세금부과를 당하는 일을 막을 수 있다. 세관 신고대에서 '휴대품 반출 확인서'를 작성하여 받아 두면 된다.

출국 심사
보안 검사 후, 여권과 탑승권을 가지고 출국 심사대 중 한국인 또는 내국인이라고 쓰여 있는 곳에 가서 줄을 서서 기다리다가 자기 순서가 되면 심사대로 가서

몇 가지 질문에 대답하면 된다. 여기서 주의해야 할 점은 다른 사람이 심사를 받는 동안 노란색 선 안으로 들어가지 않아야 한다는 것이다.

탑승 대기

출국 심사대를 통과하고 나서면, 먼저 탈 비행기의 탑승구(Gate) 위치를 확인한 뒤, 시간이 남으면 면세점에서 쇼핑을 할 수도 있다.
비행기 출발 시각 15~20분 전에는 본인이 이용할 항공기 탑승구에 도착하여 탑승 준비를 해야 한다.

기내에서 도착까지

비행기 탑승 후에는 자신의 탑승권에 적힌 좌석 번호를 찾아 지정된 비행기 좌석에 앉아야 하고, 휴대한 짐은 자기 좌석 위의 선반이나 좌석에 앉았을 때 자신의 발이 닿는 곳, 즉 앞좌석의 밑 공간에 넣으면 된다.
기내의 좌석에 앉은 후에는 반드시 안전벨트를 착용해야 하며, 벨트 착용 표시등이 꺼질 때까지 풀지 말아야 한다. 현재 한·중간의 전 노선은 금연이며, 비행기 이착륙 시에는 화장실 이용이 불가능하다는 점도 유의해 두어야 한다. 한·중간 비행소요 시간은 대략 편도 2시간 안팎이라서 이륙 후 승무원이 건네주는 입국 신고서와 세관 신고서를 작성하고 나서 기내식을 먹고 나면 얼마 되지 않아 중국 공항에 도착하게 된다.

기내에서 제공되는 서비스

기내의 주요 서비스로는 1회의 식사(물과 음료 및 주류 포함)와 신문·잡지·헤드폰 등이 제공된다. 또한, 기내에서는 면세품을 판매하는데 주로 주류·담배·화장품 및 간단한 선물용품 등이 구비되어 있다. 그러나, 수량이 한정되어 있어 간혹 구매할 수 없는 경우도 있으니 꼭 필요한 선물이라면 사전에 계획을 세워 차질이 없도록 하자.

기내 좌석 찾기

자리를 찾고 있습니다.
I'm looking for my seat.

손님 좌석은 앞쪽입니다.
Your seat is in the front.

지나가도 되겠습니까?
May I pass?

가방 좀 올려 주시겠어요?
Could you lift my bag?

자리를 바꿔도 될까요?
May I change my seat?

의자를 뒤로 젖혀도 될까요?
May I put my seat back?

이 안전벨트는 어떻게 매나요?
Please show me how to fasten this belt.

워 짜이 쟈오 워더 웨이즈.
我在找我的位子。
Wǒ zài zhǎo wǒ de wèizi.

닌더 쭈어웨이 짜이 치엔미엔.
您的座位在前面。
Nín de zuòwèi zài qiánmiàn.

워 커이 꾸어취 마?
我可以过去吗?
Wǒ kěyǐ guòqù ma?

칭 빵 워 바 빠오 팡 샹취.
请帮我把包放上去。
Qǐng bāng wǒ bǎ bāo fàng shàngqu.

워 커이 환 쭈어웨이 마?
我可以换座位吗?
Wǒ kěyǐ huàn zuòwèi ma?

워 커이 바 쭈어이 왕 허우 이디엔 마?
我可以把座椅往后一点吗?
Wǒ kěyǐ bǎ zuòyǐ wǎng hòu yìdiǎn ma?

칭 까오쑤 워 이샤 전양 지하오 안취엔따이.
请告诉我一下怎样系好安全带。
Qǐng gàosu wǒ yíxià zěnyàng jìhǎo ānquándài.

기내 — 음료 서비스 받기

음료수를 드시겠습니까?
Would you like something to drink?

어떤 음료수가 있나요?
What do you have?

커피, 홍차, 오렌지주스가 있습니다.
We have coffee, tea and orange juice.

커피 주세요.
Coffee, please.

녹차 있습니까?
Do you have green tea?

한 잔 더 주시겠어요?
Can I have another one?

우유를 조금 더 드릴까요?
Would you like some more milk?

씨양 허 인랴오 마?
想喝饮料吗?
Xiǎng hē yǐnliào ma?

여우 션머 (인랴오)?
有什么(饮料)?
Yǒu shénme (yǐnliào)?

여우 카페이、챠, 하이여우 청즈.
有咖啡、茶，还有橙汁。
Yǒu kāfēi、chá, háiyǒu chéngzhī.

야오 카페이.
要咖啡。
Yào kāfēi.

여우 뤼챠 마?
有绿茶吗?
Yǒu lǜchá ma?

짜이라이 이뻬이 커이 마?
再来一杯可以吗?
Zài lái yì bēi kěyǐ ma?

짜이라이디얼 니우나이 마?
再来点儿牛奶吗?
Zài lái diǎnr niúnǎi ma?

기내 식사 서비스 받기

빵으로 주세요.
I'll have the bread, please.

나중에 먹어도 될까요?
May I have it later?

지금 식사해도 됩니까?
Can I have my meal now?

식사 다 하셨습니까?
Have you finished?

아니요, 아직입니다.
Not yet.

예, 잘 먹었습니다.
Yes, I enjoyed it.

포크가 없습니다.
I don't have a fork.

워 야오 츠 미엔빠오.
我要吃面包。
Wǒ yào chī miànbāo.

커이 완디얼 츠 마?
可以晚点儿吃吗?
Kěyǐ wǎn diǎnr chī ma?

씨엔짜이 커이 츠 마?
现在可以吃吗?
Xiànzài kěyǐ chī ma?

츠 완 러 마?
吃完了吗?
Chī wán le ma?

하이 메이여우 (츠 완).
还没有(吃完)。
Hái méiyǒu(chī wán).

스더, 츠더 헌 하오.
是的，吃得很好。
Shì de, chī de hěn hǎo.

워 메이여우 챠즈.
我没有叉子。
Wǒ méiyǒu chāzi.

기내 기타 서비스 요청하기

담요 한 장 주시겠습니까?
May I have a blanket?

예, 잠시만 기다려 주십시오.
Sure. Just a moment, please.

읽을 것 좀 주시겠습니까?
Can I have something to read?

언제쯤 도착합니까?
When will we arrive?

비행 시간이 얼마나 됩니까?
How long is the flight?

이것은 유료입니까?
Is there any charge for this?

이어폰이 고장 났습니다.
This headset is broken.

커이 게이 워 이콸 탄즈 마?
可以给我一块儿毯子吗?
Kěyǐ gěi wǒ yí kuàir tǎnzi ma?

하오더, 칭 샤오덩.
好的, 请稍等。
Hǎo de, qǐng shāo děng.

커이 게이 워 씨에 두더 똥시 마?
可以给我些读的东西吗?
Kěyǐ gěi wǒ xiē dú de dōngxi ma?

워먼 션머 스허우 넝 따오?
我们什么时候能到?
Wǒmen shénme shíhou néng dào?

야오 페이 뚜어지우?
要飞多久?
Yào fēi duōjiǔ?

쩌거 야오 쇼우페이 마?
这个要收费吗?
Zhè ge yào shōufèi ma?

쩌거 얼지 화이 러.
这个耳机坏了。
Zhè ge ěrjī huài le.

기내 — 간단한 의료 서비스 받기

몸이 좀 불편합니다.
I feel sick.

배가 아파요.
I have a stomachache.

멀미가 납니다.
I feel airsick.

열이 납니다.
I have a fever.

약을 좀 주세요.
Would you give me some medicine?

물 좀 주세요.
Would you give me some water?

위생봉투 있나요?
Do you have a sanitary bag?

워 간쥐에 뿌슈푸.
我感觉不舒服。
Wǒ gǎnjué bù shūfu.

워 뚜즈 텅.
我肚子疼。
Wǒ dùzi téng.

워 윈지.
我晕机。
Wǒ yūnjī.

워 여우디엔 파샤오.
我有点发烧。
Wǒ yǒu diǎn fāshāo.

칭 게이 워 야오.
请给我药。
Qǐng gěi wǒ yào.

칭 게이 워 이뻬이 슈이.
请给我一杯水。
Qǐng gěi wǒ yì bēi shuǐ.

여우 웨이성따이 마?
有卫生袋吗?
Yǒu wèishēngdài ma?

기내 - 입국 신고서 작성하기

이 서류를 작성해 주십시오.
Fill out this form, please.

이 서류를 어떻게 작성하면 됩니까?
Can you tell me how to fill out this form?

작성한 것 좀 봐 주시겠어요?
Will you check this?

이렇게 쓰면 됩니까?
Is it O.K?

여기에 비자 번호를 쓰세요.
Can you write down your visa number here, please?

미안합니다. 틀리게 썼네요.
Sorry, I've written wrong.

카드 한 장 더 주시겠습니까?
May I have another card?

칭 닌 티엔씨에 쪄쟝 비야오.
请您填写这张表。
Qǐng nín tiánxiě zhè zhāng biǎo.

워 전머 티엔 쪄쟝 비야오?
我怎么填这张表?
Wǒ zěnme tián zhè zhāng biǎo?

니 커이 빵 워 지엔챠 이샤 쩌거 마?
你可以帮我检查一下这个吗?
Nǐ kěyǐ bāng wǒ jiǎnchá yíxià zhè ge ma?

쩌양 씨에 커이 마?
这样写可以吗?
Zhè yàng xiě kěyǐ ma?

칭 짜이쩔 씨에 치엔쩡 하오마.
请在这儿写签证号码。
Qǐng zài zhèr xiě qiānzhèng hàomǎ.

뚜이부치, 워 씨에 추어 러.
对不起,我写错了。
Duìbuqǐ, wǒ xiě cuò le.

커이 짜이 게이 워 이쟝 카 마?
可以再给我一张卡吗?
Kěyǐ zài gěi wǒ yì zhāng kǎ ma?

Chapter 03 중국 공항

Tip. 도착지 입국 절차

16 입국 심사 받기

17 짐 찾기

18 세관 검사 받기

19 환전 서비스 이용하기

20 여행자 안내소에 문의하기

Tip. 도착지 입국 절차

중국 공항에서의 입국 절차는 대체로 간단한 편이므로 중국을 처음 방문하는 사람도 크게 걱정할 필요는 없다. 입국 절차 시 필요한 서류는 목적지에 도착하기 전에 기내에서 영어로 작성해 놓는 것이 편리하다.

비행기에서 내리기 → 세관 신고서 제출 → 검역 신고 → 입국 심사
→ 짐 찾기 → 세관 검사

세관 신고서 제출
기내에서 빠져 나와 중국 공항에 도착한 후 먼저 세관(CUSTOMS) 표시가 있는 검사대를 지나게 되는데, 신고할 물건이 없으면 세관 신고서만 제출하고 입국 심사대로 이동하면 된다. 5,000~10,000달러 이상의 현금을 소지하고 있을 경우에는 갖고 있는 금액을 정확히 신고해야 한다.

검역 신고
검역 신고서를 작성하여 해당 직원에게 제출하면 된다. 최근에 전염병이 발생한 지역을 여행한 경우가 아니라면 특별한 예방접종 증명은 필요 없다. 특수한 경우에는, 건강 신고서(旅客健康申明卡)를 기내에서 미리 작성하여 입국 심사 시 제출해야 한다.

입국 심사
입국 절차를 밟을 때 필요한 서류는 목적지에 도착하기 전에 기내에서 승무원이 나누어 주는데, 영문으로 작성하면 된다.
비행기에서 내려 도착(到达) 표시가 있는 곳으로 가면, 입국 심사를 받는 장소가 나온다. 외국인(外国人)이라고 적혀 있는 전광판 밑의 심사대 앞에 줄을 서서 기다리다가, 자기 차례가 되면 여권과 입국 신고서(入境登记卡) 등 입국에 필요한 서류들을 보여주면서 입국 심사가 시작된다. 중국 여행 목적이나 중국 내 거주지를 물어보는 경우도 있지만, 중국어로 대답하기 어렵다 해도 그냥 이해하고 넘어가기 때문에 당황하거나 긴장할 필요는 없다.

짐 찾기
입국 심사가 끝나면 자신이 타고 온 비행기 표시가 있는 곳의 짐 찾는 곳(行李领

取处)으로 가서, 탁송한 짐을 찾은 후 짐 싣는 카트를 이용해서 짐을 운반하면 편리하다. 많은 짐이 한꺼번에 나오기 때문에 가방 찾기가 쉽지 않으므로 출발하기 전에 찾기 쉽도록 짐에 특별한 표시를 해 두면 아주 편리하다. 만일 자신의 짐이 나오지 않으면 탑승하고 온 항공사 직원에게 신고하고, 화물이 파손되었을 때는 보상을 받도록 한다.

세관 검사
일반적으로 짐을 찾고 출구로 나가면 도착지 공항에서의 모든 수속이 마무리되는데, 세관 직원이 별다른 말을 하지 않으면 엑스레이 검사대에 짐을 통과시키지 않고 출구로 나오면 된다.

공항에서 시내까지 이동하는 요령

대부분의 공항은 시내에서 차로 20분 내지 1시간 정도의 위치에 있으며, 공항 리무진, 택시, 노선버스 등을 이용하여 시내로 이동할 수 있다. 일반적으로 공항 리무진이 다양한 노선으로 시내까지 운행되므로, 이를 이용하는 것이 가장 싸고 편리한 방법이다.

택시는 편리한 대신 요금이 비싼 편이며, 특히 호객꾼을 조심해야 한다. 특히 외국인들에게는 미터 요금을 적용하지 않은 채 두세 배의 바가지 요금을 부르거나, 일부러 한참을 돌아가는 경우도 있으므로 주의해야 한다. 또한 정식 택시가 아닌 불법으로 운행하는 자가용이나 승합차 등의 차량들이 호객 행위를 하는 경우도 많은데, 신변의 안전을 위해서 이용하지 않는 것이 바람직하다.

그 밖에 호텔을 예약한 경우에는 해당 호텔의 셔틀버스를 이용하는 방법도 있다.

중국 공항 — 입국 심사 받기

여권을 보여 주십시오.
Your passport, please.

방문 목적이 무엇입니까?
What's the purpose of your visit?

관광입니다.
Sightseeing.

여기에서 얼마나 머무르실 겁니까?
How long are you staying here?

10일이요.
10 days.

어디에서 머무르실 예정입니까?
Where are you staying?

베이징 호텔이요. / 아직 정하지 못했습니다.
At the Beijing Hotel. / I haven't decided yet.

칭 츄스 니더 후쟈오.
请出示你的护照。
Qǐng chūshì nǐ de hùzhào.

니 팡원더 무띠 스 션머?
你访问的目的是什么?
Nǐ fǎngwèn de mùdì shì shénme?

꽌꽝.
观光。
Guānguāng.

짜이 쪄리 따이 뚜어지우?
在这里呆多久?
Zài zhèlǐ dāi duōjiǔ?

스 티엔.
10天。
Shí tiān.

니 씨양 쮸짜이 날?
你想住在哪儿?
Nǐ xiǎng zhùzài nǎr?

쮸짜이 베이징 판디엔. / 워 하이 메이여우 쥐에띵.
住在北京饭店。/ 我还没有决定。
Zhùzài Běijīng fàndiàn.   Wǒ hái méiyǒu juédìng.

중국 공항 — 짐 찾기

짐은 어디에서 찾습니까?
Where can I get my baggage?

어느 비행기로 오셨습니까?
On what flight did you arrive?

대한항공 123편으로 왔습니다.
Korean Airlines 123.

짐을 잃어버렸습니다.
I cannot find my baggage.

수하물 예치증을 보여 주십시오.
May I see your baggage claim tag?

가방이 망가졌어요.
My suitcase has been broken.

수하물계에 신고하십시오.
Ask the Baggage Service.

워 짜이 날리 취 워더 씽리?
我在哪里取我的行李？
Wǒ zài nǎli qǔ wǒ de xínglǐ?

니 청 나빤 페이지 따오더?
你乘哪班飞机到的？
Nǐ chéng nǎ bān fēijī dào de?

따한항콩 야오 얼 싼.
大韩航空123。
Dàhánhángkōng yāo èr sān.

워 쟈오부따오 워더 씽리.
我找不到我的行李。
Wǒ zhǎo bú dào wǒ de xínglǐ.

워 커이 칸칸 니더 씽리딴 마?
我可以看看你的行李单吗？
Wǒ kěyǐ kànkan nǐ de xínglǐdān ma?

워더 쇼우티씨양 화이 러.
我的手提箱坏了。
Wǒ de shǒutíxiāng huài le.

쉰원 씽리 푸우츄.
询问行李服务处。
Xúnwèn xínglǐ fúwùchù.

중국 공항 — 세관 검사 받기

세관 신고서를 보여 주십시오.
Customs declaration card, please.

신고할 것이 있습니까?
Do you have anything to declare?

없습니다.
No, nothing.

이 가방을 열어 주시겠습니까?
Would you open this bag?

이것은 친구들에게 줄 선물입니다.
These are gifts for my friends.

그것은 제가 쓸 물건입니다.
It's for my personal use.

저것은 가지고 갈 수 없습니다.
You're not allowed to bring that.

칭 츄스 하이꽌 션빠오딴.
请出示海关申报单。
Qǐng chūshì hǎiguān shēnbàodān.

니 여우 션머 쉬야오 션빠오더 마?
你有什么需要申报的吗?
Nǐ yǒu shénme xūyào shēnbào de ma?

메이여우.
没有。
Méiyǒu.

넝 다카이 쪄거 빠오 마?
能打开这个包吗?
Néng dǎkāi zhè ge bāo ma?

쪄씨에 스 게이 펑여우더 리우.
这些是给朋友的礼物。
Zhè xiē shì gěi péngyou de lǐwù.

나스 워 쯔지 융더.
那是我自己用的。
Nà shì wǒ zìjǐ yòng de.

뿌윈쉬 씨에따이 나거.
不允许携带那个。
Bù yúnxǔ xiédài nà ge.

중국 공항 — 환전 서비스 이용하기

은행이 어디에 있습니까?
Where is the bank?

이 수표를 현금으로 바꿔 주십시오.
Cash this check please.

이 돈을 런민비로 바꿔 주세요.
Could you change these into RMB?

어떻게 바꿔 드릴까요?
How would you like your money?

모두 100위엔짜리로 주세요.
I would like to change all for 100 Yuan.

여기 돈이 있습니다.
Here's your money.

환율이 어떻게 됩니까?
What's the rate of exchange?

인항 짜이 날리?
银行在哪里?
Yínháng zài nǎli?

칭 바 즈피야오 뚜이환청 씨엔진.
请把支票兑换成现金。
Qǐng bǎ zhīpiào duìhuàn chéng xiànjīn.

칭 바 치엔 뚜이환청 런민삐.
请把钱兑换成人民币。
Qǐng bǎ qián duìhuàn chéng Rénmínbì.

니 씨양 전양 뚜이환 니더 치엔?
你想怎样兑换你的钱?
Nǐ xiǎng zěnyàng duìhuàn nǐ de qián?

칭 취엔 환청 이바이 위엔더.
请全换成100元的。
Qǐng quán huàn chéng yìbǎi yuán de.

쩌스 니더 치엔.
这是你的钱。
Zhè shì nǐ de qián.

후이뤼 스 뚜어샤오?
汇率是多少?
Huìlǜ shì duōshao?

중국 공항 — 여행자 안내소에 문의하기

택시를 타는 곳은 어디입니까?
Where's the taxi stand?

지하철 노선도를 얻을 수 있습니까?
May I have a subway map?

호텔 리스트를 한 장 주세요.
May I have a list of hotels, please.

값싼 호텔을 한 군데 추천해 주시겠어요?
Can you recommend a cheap hotel?

여기서 호텔을 예약할 수 있습니까?
Can I reserve a hotel room, here?

호텔까지 어떻게 가면 됩니까?
How can I get to the hotel?

약도를 그려 주시겠어요?
Could you draw me a map?

날리 넝 다 츄주쳐?
哪里能打出租车?
Nǎli néng dǎ chūzūchē?

커이 게이 워 이쨩 띠티에 루시엔투 마?
可以给我一张地铁路线图吗?
Kěyǐ gěi wǒ yì zhāng dìtiě lùxiàntú ma?

커이 게이 워 이펀 지우디엔더 리에비야오 마?
可以给我一份酒店的列表吗?
Kěyǐ gěi wǒ yí fèn jiǔdiàn de lièbiǎo ma?

넝 투이지엔 이지야 피엔이더 지우디엔 마?
能推荐一家便宜的酒店吗?
Néng tuījiàn yì jiā piányi de jiǔdiàn ma?

워 커이 짜이 쩌리 위띵 지우디엔 마?
我可以在这里预定酒店吗?
Wǒ kěyǐ zài zhèlǐ yùdìng jiǔdiàn ma?

전양 취 지우디엔?
怎样去酒店?
Zěnyàng qù jiǔdiàn?

커이 게이 워 화 이쨩 띠투 마?
可以给我画一张地图吗?
Kěyǐ gěi wǒ huà yì zhāng dìtú ma?

Chapter 04 호텔

Tip. 호텔 이용하기

- 21 체크인(예약을 안 한 경우)
- 22 체크인(예약을 한 경우)
- 23 룸서비스 이용하기
- 24 보관함 이용하기
- 25 비즈니스센터 이용하기
- 26 기타 서비스 요청하기
- 27 문제 해결하기
- 28 체크아웃 하기

Tip. 호텔 이용하기

중국의 숙박 시설은 매우 다양한데, 외국인들이 이용할 수 있는 숙박 시설은 우리의 관광호텔급 이상인 饭店 · (大) 酒店 · 宾馆 등으로 제한되어 있다. 저렴한 비용으로 이용할 수 있는 소규모의 숙박 시설은 중국인에 한해서만 개방하고 있다. 최근 대도시에는 한국인이 경영하는 호텔과 민박집도 많아져서 원하는 숙박 시설을 선택할 수 있는 선택의 여지가 더 많아졌다.

중국 호텔 싸게 이용하기

비수기를 잡아라! 일반적으로 중국의 호텔 역시 성수기와 비수기의 객실 요금 차이가 상당하다. 또한 성수기는 아니더라도 방문하는 곳에 특별한 국제 행사가 열리거나, 수많은 중국인들이 고향과 친지를 방문하는 춘절(음력 설) 등의 시기에는 방을 구하기가 어려울 뿐만 아니라, 가격도 최고 수준이므로 가능하면 이러한 시기는 피하는 것이 숙박료를 절감할 수 있는 첫번째 요령이다.

일반적으로 호텔들은 여행사들과 업무 협조가 되어 있어 여행사를 통해 예약하는 경우 할인 혜택을 받을 수 있어 개인이 직접 예약하는 것보다 더 저렴할 때가 많다.

가능하다면 미리 예약을 하는 것도 좋은 방법이다. 예약을 하면 대부분의 호텔이 원래 가격에서 30~50%를 할인해 주기 때문이다.

중국에서 호텔을 이용할 때 가장 낯선 부분은 보증금 제도이다. 일반적으로 입실할 때 방값과 보증금을 미리 지불하고 퇴실 시에 객실 사용료와 부대시설 이용료 등을 제외한 나머지를 돌려받는다. 따라서 입실 시 받은 보증금 영수증은 반드시 잘 챙겨 두어야 한다.

중국 호텔의 시설 및 서비스 이용 방법

중국의 호텔 내에는 헬스클럽·비즈니스센터·수영장·사우나·식당·상점·안마 시설 등의 부대시설이 갖추어져 있는 곳도 있고, 환전·여행·우체국 업무 등을 대행해 주는 곳도 있다. 특히, 괜찮은 대형 호텔은 방에서 국제전화를 걸 수 있어 편리하며, 한국 공항에서 휴대폰을 로밍해 가지고 가면 중국에서도 본인이 사용하던 휴대폰으로 국제전화를 할 수도 있다.

귀중품이나 여권 등은 프런트 데스크에 문의하여 보관함(바오시엔씨양 保險箱 safety box)에 보관하는 방법도 있다. 그리고 호텔 숙박 시 발생하는 여러 문제에 대해서는 호텔 프런트 데스크(치엔타이 前台)나 서비스 데스크(푸우타이 服務台)에 연락하면 서비스 관리자(푸우위엔 服務員)의 도움을 받을 수 있다.

일반적으로 중국 호텔은 조식을 무료로 제공하는 아메리칸 스타일이며, 체크아웃 시간은 낮 12시를 기준으로 한다. 체크아웃 시 룸에서 사용한 전화비는 물론 룸 냉장고 안에 들어 있는 주류와 음료수를 마셨을 때는 그 비용도 호텔비와 함께 지불해야 한다. 특히, 다음날 아침 일찍 체크아웃 하고 출발해야 하는 경우에는 가능한 한 전날 저녁에 짐을 챙겨서 바로 출발할 수 있게 준비해 놓고, 프런트 데스크에 모닝콜을 부탁하는 것도 괜찮다. 이때 택시를 이용하고자 할 경우에는 프런트 데스크에 미리 예약을 해 두면 콜택시를 불러 주기도 한다. 일부 지방 도시의 택시는 대부분 미터기를 부착하고 있지 않기 때문에 사전에 대략 어느 정도의 요금인가를 프런트 데스크에 물어 보는 것도 비용 절감의 요령이다.

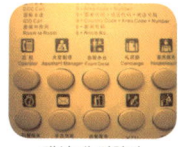
객실 내 전화기

침대에서는 금연!

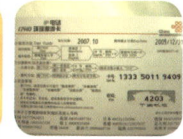
전화카드

호텔 — 체크인 (예약을 안 한 경우)

예약을 하지 않았습니다.
I don't have a reservation.

방 있습니까?
Do you have a room?

싱글룸으로 주세요.
I'd like a single room.

이 방으로 하겠습니다.
I'll take this.

더 싼 방은 없습니까?
Is there anything cheaper?

하루 요금이 얼마입니까?
How much is it a night?

아침 식사는 포함되어 있습니까?
Is breakfast included?

워 메이여우 위위에.
我没有预约。
Wǒ méiyǒu yùyuē.

여우 팡지엔 마?
有房间吗?
Yǒu fángjiān ma?

워 씨양야오 딴런지엔.
我想要单人间。
Wǒ xiǎng yào dānrénjiān.

찌우 야오 쩌지엔.
就要这间。
Jiù yào zhè jiān.

여우 껑 피엔이더 팡지엔 마?
有更便宜的房间吗?
Yǒu gèng piányi de fángjiān ma?

쮸 이티엔 뚜어샤오 치엔?
住一天多少钱?
Zhù yì tiān duōshao qián?

빠오쿼 자오찬 마?
包括早餐吗?
Bāokuò zǎocān ma?

호텔 — 체크인 (예약을 한 경우)

예약을 했습니다.
I made a reservation.

성함이 어떻게 되십니까?
May I have your name?

김나영입니다.
My name is Na-young Kim.

얼마나 머무르실 겁니까?
How long are you staying?

언제 퇴실하실 겁니까?
When are you going to check out?

숙박비는 어떻게 지불하시겠습니까?
How would you like to pay?

신용카드로 계산할 겁니다.
With credit card, please.

워 이징 위띵 러.
我已经预订了。
Wǒ yǐjīng yùdìng le.

닌 꾸이 씽?
您贵姓?
Nín guì xìng?

워더 밍쯔 찌야오 찐 나잉.
我的名字叫金娜英。
Wǒ de míngzì jiào Jīn Nàyīng.

니 야오 쥬 지 티엔?
你要住几天?
Nǐ yào zhù jǐ tiān?

니 야오 션머 스허우 투이팡?
你要什么时候退房?
Nǐ yào shénme shíhou tuìfáng?

니 씨앙 전양 즈푸?
你想怎样支付?
Nǐ xiǎng zěnyàng zhīfù?

용 신용카.
用信用卡。
Yòng xìnyòngkǎ.

호텔 — 룸서비스 이용하기

룸서비스를 부탁합니다.
Room Service, please.

룸서비스는 어떻게 부릅니까?
How do I call room service?

룸서비스입니까?
Is this room service?

따뜻한 물 한 잔 가져다 주세요.
Can you bring me some hot water, please?

방이 너무 추워요.
My room is too cold.

문이 잠겨서 열 수가 없습니다.
The door is locked. I cannot open it.

빨리 좀 부탁합니다.
As soon as possible.

워 쉬야오 커팡 푸우.
我需要客房服务。
Wǒ xūyào kèfáng fúwù.

워 잉까이 전양 리엔씨 커팡 푸우?
我应该怎样联系客房服务?
Wǒ yīnggāi zěnyàng liánxì kèfáng fúwù?

스 커팡 푸우 마?
是客房服务吗?
Shì kèfáng fúwù ma?

칭 게이 워 쏭 이뻬이 러슈이.
请给我送一杯热水。
Qǐng gěi wǒ sòng yì bēi rèshuǐ.

워더 팡지엔 타이 렁 러.
我的房间太冷了。
Wǒ de fángjiān tài lěng le.

먼 쑤오샹 러, 워 다부카이 타.
门锁上了, 我打不开它。
Mén suǒshàng le, wǒ dǎ bu kāi tā.

칭 진콰이.
请尽快。
Qǐng jǐnkuài.

호텔 보관함 이용하기

보관함이 있습니까?
Do you have a safety box?

이것을 보관하고 싶습니다.
I'd like to deposit this.

언제까지 사용하시겠습니까?
How long would you like it?

내일 밤까지요.
Until tomorrow night.

이 상자 안에 귀중품을 넣으면 됩니다.
Please put your valuables in this box.

카운터에 놓아 두십시오.
Leave them on the counter.

제 짐을 찾을 수 있나요?
May I have my baggage back?

여우 바오시엔씨양 마?
有保险箱吗?
Yǒu bǎoxiǎnxiāng ma?

워 씨양 지춘 쩌거
我想寄存这个。
Wǒ xiǎng jìcún zhè ge.

야오 스용 뚜어챵 스지엔?
要使用多长时间?
Yào shǐyòng duōcháng shíjiān?

따오 밍티엔 완샹.
到明天晚上。
Dào míngtiān wǎnshang.

칭 바 꾸이쭝 우핀 팡따오 바오시엔씨양리.
请把贵重物品放到保险箱里。
Qǐng bǎ guìzhòng wùpǐn fàng dào bǎoxiǎnxiāngli.

바 타 팡짜이 꾸이타이샹.
把它放在柜台上。
Bǎ tā fàng zài guìtáishang.

워 커이 취후이 워더 똥시 마?
我可以取回我的东西吗?
Wǒ kěyǐ qǔhuí wǒ de dōngxi ma?

호텔 — 비즈니스센터 이용하기

비즈니스센터는 몇 시에 문을 엽니까?
What time does the business center open?

팩스를 보낼 수 있습니까?
Can you fax it?

인터넷을 사용할 수 있습니까?
Is the Internet access available?

컬러 출력이 가능합니까?
Is the color print available?

복사는 한 장에 얼마입니까?
How much is it for a copy?

한 장에 10위엔입니다.
It is 10 Yuan for a copy.

항공권 예약이 가능합니까?
Can I make a reservation for flight tickets?

샹우 쯍신 지 디엔 카이먼?
商务中心几点开门?
Shāngwù zhōngxīn jǐ diǎn kāi mén?

넝 파 츄안쩐 마?
能发传真吗?
Néng fā chuánzhēn ma?

짜이 쩔 넝 샹왕 마?
在这儿能上网吗?
Zài zhèr néng shàngwǎng ma?

커이 차이써 다인 마?
可以彩色打印吗?
Kěyǐ cǎisè dǎyìn ma?

푸인 이쨩 뚜어샤오 치엔?
复印一张多少钱?
Fùyìn yì zhāng duōshao qián?

이쨩 스 콰이.
一张10块。
Yì zhāng shí kuài.

커이 위띵 페이지피야오 마?
可以预订飞机票吗?
Kěyǐ yùdìng fēijīpiào ma?

호텔 — 기타 서비스 요청하기

아침 7시에 모닝콜을 부탁합니다.
I'd like a morning call, please.

여기는 1154호실입니다.
This is room number 1154.

세탁 서비스입니다.
This is laundry service.

셔츠 두 장, 다림질 좀 해 주세요.
I'd like to have two shirts ironed.

얼마나 걸립니까?
How long will it take?

오래 걸리지 않습니다.
It doesn't take long.

오늘 밤까지 될까요?
Can I have them back this evening?

자오샹 치 디엔, 칭 찌야오싱 워.
早上7点，请叫醒我。
Zǎoshang qī diǎn, qǐng jiàoxǐng wǒ.

쪄리 스 야오 야오 우 쓰 하오 팡지엔.
这里是1154号房间。
Zhèlǐ shì yāo yāo wǔ sì hào fángjiān.

쪄리 스 시이 푸우뿌.
这里是洗衣服务部。
Zhèlǐ shì xǐyī fúwùbù.

워 씨양 윈 량지엔 쳔샨.
我想熨两件衬衫。
Wǒ xiǎng yùn liǎng jiàn chènshān.

쉬야오 뚜어챵 스지엔?
需要多长时间？
Xūyào duōcháng shíjiān?

용부랴오 뚜어지우.
用不了多久。
Yòng bù liǎo duōjiǔ.

찐완 워 넝 취저우 마?
今晚我能取走吗？
Jīnwǎn wǒ néng qǔzǒu ma?

호텔 문제 해결하기

내가 방에 열쇠를 놓고 나왔어요.
I left my key in my room.

내 방의 자물쇠가 망가졌습니다.
The lock of my room is broken.

에어컨이 고장 났어요.
The air-conditioner doesn't work.

비누가 없습니다.
There's no soap.

더운 물이 안 나옵니다.
No hot water's running.

방을 좀 바꿔 주시겠습니까?
Could you change my room?

베개를 한 개 더 주시겠습니까?
Can I get one more pillow, please?

워 바 야오스 라짜이 팡지엔리 러.
我把钥匙落在房间里了。
Wǒ bǎ yàoshi là zài fángjiānli le.

워 팡지엔더 쑤오 화이 러.
我房间的锁坏了。
Wǒ fángjiān de suǒ huài le.

콩티야오 화이 러.
空调坏了。
Kōngtiáo huài le.

메이여우 씨양짜오 러.
没有香皂了。
Méiyǒu xiāngzào le.

메이여우 러슈이 러.
没有热水了。
Méiyǒu rèshuǐ le.

넝 빵 워 환 팡지엔 마?
能帮我换房间吗?
Néng bāng wǒ huàn fángjiān ma?

넝 짜이 게이 워 이거 쪈토우 마?
能再给我一个枕头吗?
Néng zài gěi wǒ yí ge zhěntou ma?

호텔 — 체크아웃 하기

지금 체크아웃 하겠습니다.
Check out now.

계산서는 여기 있습니다.
This is your bill.

지불은 어떻게 하시겠습니까?
How will you pay?

신용카드로 하겠습니다.
Credit card, please.

이 요금은 무엇입니까?
What's this charge?

계산이 잘못된 것 같습니다.
I think this bill has some mistake.

방에 두고 온 것이 있습니다.
I left something in the room.

씨엔짜이 워 야오 투이팡.
现在我要退房。
Xiànzài wǒ yào tuìfáng.

쩌스 니더 쨩딴.
这是你的账单。
Zhè shì nǐ de zhàngdān.

니 야오 전양 즈푸?
你要怎样支付?
Nǐ yào zěnyàng zhīfù?

용 신용카.
用信用卡。
Yòng xìnyòngkǎ.

쩌스 션머 페이용?
这是什么费用?
Zhè shì shénme fèiyòng?

워 씨양 쨩딴 여우디엔 원티.
我想账单有点问题。
Wǒ xiǎng zhàngdān yǒudiǎn wèntí.

워더 이씨에 똥시 라짜이 팡지엔리 러.
我的一些东西落在房间里了。
Wǒ de yì xiē dōngxi là zài fángjiānli le.

Chapter 05 식당

Tip. 식당 이용하기

- 29 예약하기
- 30 테이블 안내 받기
- 31 일반적인 주문하기(1)
- 32 일반적인 주문하기(2)
- 33 일반적인 주문하기(3)
- 34 디저트 주문하기
- 35 패스트푸드 주문하기
- 36 술집에서 주문하기
- 37 문제 해결하기
- 38 계산하기

Tip. 식당 이용하기

광활한 중국의 수많은 지방 음식들은 셀래야 셀 수 없을 만큼 그 종류와 맛이 다양하고 독특해서 이미 세계적으로 유명한 요리 왕국의 반열에 올라서 있다. 또한 날아다니는 것 중에서 비행기 빼고, 다리 달린 것 중에서 책상 다리 빼면 못 먹는 게 없다고 할 정도로 중국인들은 미식가들이기도 하다.

중국인들은 대개 아침은 주로 노점이나 가까운 식당에서 사먹거나 집에서 간단하게 만들어 먹는다. 점심은 아주 다양한 음식으로 간단하게 먹고, 저녁은 대체로 풍성하게 갖추어 먹는데, 그 기본으로는 생선, 육류, 야채 요리, 그리고 탕 등이 있다. 요리를 위주로 밥이나 만터우를 곁들여 먹고, 나중에 탕을 마시고 난 후에 과일로 마무리한다.

중국에서의 식사 요령

식당에 들어가면 종업원이 와서 손님의 인원을 확인한 다음 자리를 안내해 준다. 자리에 앉아서 음식을 주문할 때는 차나 술 종류도 같이 주문하게 되는데, 그 종류나 가격대가 워낙 다양하기 때문에 메뉴판의 가격을 확인하고 시켜야 실수나 황당한 일을 줄일 수 있다. 요리가 한 가지씩 차례로 나오기 때문에, 주문한 요리가 나올 때마다 각자가 테이블 원판을 돌리면서 공용 젓가락이나 숟가락으로 큰 요리 접시에 있는 음식을 덜어 먹으면 된다.

중국의 요리는 담백한 찬 음식으로 시작하여, 어류, 육류, 야채류 등의 주 요리인 뜨거운 음식이 나온다. 요리를 위주로 식사하므로 밥(미판 米饭)이나 면류, 찐빵, 만두 종류가 필요하면 별도로 추가하면 된다. 식사가 거의 끝날 무렵쯤 탕 종류가 나오고 마지막으로 단 빵류로 마무리하는 것이 정식 코스이다.

요즘엔 어느 정도 규모가 있는 호텔에선 뷔페식으로 잘 차려진 식사를 제공하는 곳이 많다. 가격은 호텔마다 차이가 있긴 하지만, 1인당 한국 돈 30,000원~40,000원 정도면 된다.

식당에서 주문할 때는 그림이나 사진을 보고 주문하는 것도 괜찮은 방법이고, 옆자리에서 주문한 음식이 맛있게 보이면 손가락으로 그 요리를 가리키면서 '야오 쩌거(이것 주세요. 要这个。)!'라고 말하면 된다. 그리고 젓가락이나 숟가락을 떨어뜨렸을 경우에는 종업원에게 새것을 부탁해야 하는데, 종업원을 부를 때는 손을 들거나, '푸우위엔(종업원 服务员)!' 하고 좀 큰소리로 부르면 된다.

중국의 식사 예절

중국의 일반적인 식사 예절은 서양 요리를 먹을 때만큼 까다롭지는 않다. 그저 맛있는 음식을 자유로운 대화 속에서 즐기면 된다. 정식 연회라면 어디에서든 마찬가지로 단정하고 정중한 복장으로 참가하는 것이 좋은데, 보통 10인 정도가 앉을 수 있는 원탁형의 중국식 테이블에는 주빈이 입구에서 먼 거리의 상석에 앉게 되며, 초대를 한 주인은 입구에서 가장 가까운 좌석이나 주빈과 이야기하기 쉽도록 주빈의 왼쪽 옆에 앉는다.

연회가 시작되면 주인이 각 손님들에게 돌아가면서 술을 권하는데, 이때 보통 첫 잔은 깐뻬이(干杯 : 잔을 다 비우는 것)를 하는 경우가 많다. 그리고 한국과는 달리 중국인들은 술잔을 비우지 않은 상태에서도 첨잔을 하므로, 굳이 잔을 다 비우려 애쓰지 않아도 된다.

또한 맥주를 제외한 중국 술은 알코올 농도가 보통 30~50℃ 이상으로 한국 술보다 독하기 때문에 과하게 마시지 않는 것이 바람직하고, 자신의 주량으로 힘겨울 때는 '쑤이이(随意)'나 '쑤이삐엔(随便 : 술을 조금만 하겠다는 의미)'이라고 말하며 양해를 구하면 된다.

식당 예약하기

예약을 하고 싶습니다.
I'd like to make a reservation.

일행이 몇 분이십니까?
For how many, sir / ma'am?

두 사람입니다.
For two, please.

4인석 있습니까?
A table for four?

언제로 예약해 드릴까요?
What date would you like to make a reservation?

오늘 저녁 8시입니다.
This evening at eight.

준비해 놓겠습니다.
We'll have it ready for you.

워 씨양 위띵 빠오지엔.
我想预订包间。
Wǒ xiǎng yùdìng bāojiān.

지 웨이?
几位?
Jǐ wèi?

량거 런
两个人。
Liǎng ge rén.

여우 메이여우 쓰런지엔?
有没有四人间?
Yǒu méiyǒu sì rén jiān?

닌 야오 션머 스호우(쮸)?
您要什么时候(住)?
Nín yào shénme shíhou(zhù)?

찐완 빠 디엔.
今晚八点。
Jīnwǎn bā diǎn.

워먼 후이 웨이 닌 쥰뻬이더.
我们会为您准备的。
Wǒmen huì wèi nín zhǔnbèi de.

식당 테이블 안내 받기

자리가 있습니까?
Can I get a seat?

두 사람이 앉을 수 있는 자리 좀 부탁합니다.
A table for two, please.

저 혼자입니다.
Just myself.

어떤 자리를 원하십니까?
Which table do you want?

창가 자리로 부탁합니다.
By the window, please.

여기 앉아도 됩니까?
May I sit here?

우리 차례가 아직 안 됐습니까?
Isn't it our turn yet?

여우 웨이즈 마?

有位子吗?

Yǒu wèizi ma?

야오 이거 슈앙런 쭈어.

要一个双人座。

Yào yí ge shuāng rén zuò.

즈여우 워 이거 런.

只有我一个人。

Zhǐyǒu wǒ yí ge rén.

씨양야오 션머양더 웨이즈?

想要什么样的位子?

Xiǎng yào shénmeyàng de wèizi?

카오 츄앙후더.

靠窗户的。

Kào chuānghù de.

워 커이 쭈어짜이 쪄리 마?

我可以坐在这里吗?

Wǒ kěyǐ zuò zài zhèlǐ ma?

하이메이 룬따오 워먼 마?

还没轮到我们吗?

Hái méi lún dào wǒmen ma?

식당 — 일반적인 주문하기(1)

메뉴 좀 주실래요?
May I have the menu, please?

주문하시겠습니까?
Are you ready to order, now?

저녁 식사로 무엇을 드시겠습니까?
What do you suggest for dinner?

샤브샤브 어때요?
How would you like your hot-pot?

음식 맛이 어떻습니까?
What does it taste like?

이것 좀 치워 주세요.
Take this away, please.

여기서 담배를 피워도 됩니까?
May I smoke here?

커이 게이 워 차이딴 마?

可以给我菜单吗?

Kěyǐ gěi wǒ càidān ma?

디엔 하오 러 마?

点好了吗?

Diǎn hǎo le ma?

완판 씨양 츠 션머?

晚饭想吃什么?

Wǎnfàn xiǎng chī shénme?

훠꿔 전머양?

火锅怎么样?

Huǒguō zěnmeyàng?

웨이따오 전머양?

味道怎么样?

Wèidào zěnmeyàng?

칭 바 쩌거 나저우 바.

请把这个拿走吧。

Qǐng bǎ zhè ge ná zǒu ba.

커이 짜이 쩌리 시옌 마?

可以在这里吸烟吗?

Kěyǐ zài zhèlǐ xīyān ma?

식당 — 일반적인 주문하기(2)

이 요리는 무엇입니까?
What kind of dish is this?

이것은 빨리 됩니까?
Will it be ready soon?

탕을 드시겠습니까?
Would you like soup?

달걀탕을 주세요.
I'll have egg soup.

물만두는 어떤 것으로 해 드릴까요?
What kind of dumpling would you like?

새우소 물만두로 주세요.
I'll have shirimp dumplings.

냅킨 좀 건네주세요.
Can you pass me the napkin, please?

쩌스 션머 차이?
这是什么菜?
Zhè shì shénme cài?

넝 진콰이 쥰뻬이 하오 마?
能尽快准备好吗?
Néng jǐnkuài zhǔnbèi hǎo ma?

씨양 허 탕 마?
想喝汤吗?
Xiǎng hē tāng ma?

워 야오 허 찌딴탕.
我要喝鸡蛋汤。
Wǒ yào hē jīdàntāng.

씨양 야오 션머양더 슈이지야오?
想要什么样的水饺?
Xiǎng yào shénmeyàng de shuǐjiǎo?

야오 시엔샤 시얼더.
要鲜虾馅儿的。
Yào xiānxiā xiànr de.

커이 띠 게이 워 찬진즈 마?
可以递给我餐巾纸吗?
Kěyǐ dì gěi wǒ cānjīnzhǐ ma?

식당 일반적인 주문하기(3)

어떤 음식이 좋습니까?
What do you recommend?

이곳의 특별 요리는 무엇입니까?
What is today's special?

이 지방의 유명한 음식이 무엇입니까?
What's the best local food?

이 요리를 권해 드리고 싶습니다.
I recommend this.

그래요? 먹어보겠습니다.
Really? I'll try it.

같은 것으로 하겠습니다.
I'll have the same.

다른 거 뭘 더 드릴까요?
Anything else?

니 투이지엔 션머 차이 너?
你推荐什么菜呢?
Nǐ tuījiàn shénme cài ne?

쩌리더 터써 차이 스 션머?
这里的特色菜是什么?
Zhèlǐ de tèsè cài shì shénme?

쩌 띠팡더 터써차이 스 션머?
这地方的特色菜是什么?
Zhè dìfāng de tèsè cài shì shénme?

워 투이지엔 쩌따오 차이.
我推荐这道菜。
Wǒ tuījiàn zhè dào cài.

스 마? 워 야오 챵챵.
是吗? 我要尝尝。
Shì ma? Wǒ yào chángchang.

워 야오 이양더.
我要一样的。
Wǒ yào yíyàng de.

하이 야오 디엔 션머?
还要点什么?
Hái yào diǎn shénme?

식당 — 디저트 주문하기

무슨 차로 하시겠습니까?
What kind of tea would you like?

용정 녹차 주세요.
Longjing tea, please.

음료는 무엇으로 하시겠습니까?
What kind of drinks would you like?

아이스크림 주세요.
Ice cream, please!

커피 한 잔 더 주세요.
Could you refill coffee?

과일 좀 주세요.
Some fruits, please!

필요 없습니다.
No thanks.

야오 허 션머 챠?
要喝什么茶?
Yào hē shénme chá?

칭 게이 워 롱징챠.
清给我龙井茶。
Qǐng gěi wǒ Lóngjǐng chá.

야오 허 션머 인랴오?
要喝什么饮料?
Yào hē shénme yǐnliào?

야오 삥찌링.
要冰激凌。
Yào bīngjīlíng.

짜이라이 이뻬이 카페이.
再来一杯咖啡。
Zàilái yì bēi kāfēi.

야오 이판 슈이궈.
要一盘水果。
Yào yì pán shuǐguǒ.

션머 또우 부야오.
什么都不要。
Shénme dōu bú yào.

식당 — 패스트푸드 주문하기

이 근처에 맥도날드 있습니까?
Is there MC Donald near here?

햄버거 하나 주세요.
A hamburger, please.

여기서 드실 겁니까, 가지고 가시겠습니까?
For here or to go?

여기에서 먹을 겁니다.
For here.

무엇을 더 주문하시겠습니까?
What would you like on it?

프렌치프라이 주세요.
Can I get some French fries?

콜라 대신 커피로 할 수 있을까요?
May I have coffee instead of coke?

쪄 푸진 여우 마이땅라오 마?
这附近有麦当劳吗?
Zhè fùjìn yǒu Màidāngláo ma?

이거 한바오빠오.
一个汉堡包。
Yí ge hànbǎobāo.

짜이 쩌리 츠 하이스 따이저우?
在这里吃还是带走?
Zài zhèlǐ chī háishi dài zǒu?

짜이 쩌리 츠.
在这里吃。
Zài zhèlǐ chī.

야오 찌야 디엔 션머 마?
要加点什么吗?
Yào jiā diǎn shénme ma?

워 야오 슈티야오.
我要薯条。
Wǒ yào shǔtiáo.

커이 바 컬러 환청 카페이 마?
可以把可乐换成咖啡吗?
Kěyǐ bǎ kělè huàn chéng kāfēi ma?

식당 - 술집에서 주문하기

술집이 어디에 있습니까?
Where is the snack bar?

이 부근에 나이트클럽이 있습니까?
Are there any nightclubs near here?

포도주 한 잔 주세요.
A glass of wine, please.

위스키에 얼음을 넣어서 주세요.
Whisky on the rocks, please.

이 술은 몇 도나 됩니까?
How strong is this alcohol?

52도입니다.
It's 52 percent.

연경 맥주로 주세요.
I'll have a Yanjing beer, please.

지우빠 짜이 날?

酒吧在哪儿?

Jiǔbā zài nǎr?

쩌 푸진 여우 예중후이 마?

这附近有夜总会吗?

Zhè fùjìn yǒu yèzǒnghuì ma?

워 야오 이뻬이 훙지우.

我要一杯红酒。

Wǒ yào yì bēi hóngjiǔ.

워 야오 찌야 삥콰얼더 쑤거란 웨이스지.

我要加冰块儿的苏格兰威士忌.

Wǒ yào jiā bīngkuàir de Sūgélán wēishìjì.

쩌거 지우 뚜어샤오 뚜?

这个酒多少度?

Zhè ge jiǔ duōshao dù?

우스 얼 뚜.

52度。

Wǔshí èr dù.

워 야오 옌징 피지우.

我要燕京啤酒。

Wǒ yào Yānjīng píjiǔ.

식당 — 문제 해결하기

커피가 아직 안 나왔어요.
My coffee hasn't come yet.

주문한 음식이 아니에요.
I didn't order this.

짜장면을 주문했어요.
I ordered Zhajiang noodle.

주문을 바꾸어도 될까요?
Is it possible to change my order?

다른 숟가락을 갖다 주세요.
Could you bring me another spoon?

맛이 이상합니다.
The taste is not good. It's not tasty.

이 음식은 어떻게 먹는 건가요?
How do you eat this?

워더 카페이 하이 메이여우 샹.

我的咖啡还没有上。

Wǒ de kāfēi hái méiyǒu shàng.

워 메이여우 디엔 쪄거.

我没有点这个。

Wǒ méiyǒu diǎn zhè ge.

워 디엔러 쨔장미엔.

我点了炸酱面。

Wǒ diǎn le Zhájiàngmiàn.

워 넝 환 이샤 디엔더 차이 마?

我能换一下点的菜吗?

Wǒ néng huàn yíxià diǎn de cài ma?

커이 게이 워 짜이 나 이거 샤오즈 마?

可以给我再拿一个勺子吗?

Kěyǐ gěi wǒ zài ná yí ge sháozi ma?

웨이따오 헌 치꽈이.

味道很奇怪。

Wèidào hěn qíguài.

전머 츠 쪄거 차이?

怎么吃这个菜?

Zěnme chī zhè ge cài?

식당 계산하기

계산해 주세요.
Please give me the bill.

같이 계산하시겠습니까?
Would you like separate checks?

계산은 제가 하겠습니다.
I'll take care of the bill.

얼마입니까?
How much is it?

제가 반을 낼게요.
Let me pay half.

거스름돈은 가지세요.
Keep the change.

거스름돈이 틀립니다.
You gave me wrong change.

지에쨩. / 마이딴.
结账。/ 买单。
Jiézhàng. / Mǎidān.

이치 지에쨩 마?
一起结帐吗?
Yìqǐ jiézhàng ma?

워 라이 지에쨩.
我来结账。
Wǒ lái jiézhàng.

뚜어샤오 치엔?
多少钱?
Duōshao qián?

워 푸 이빤.
我付一半。
Wǒ fù yí bàn.

부용 쟈오 치엔 러.
不用找钱了。
Bú yòng zhǎo qián le.

쟈오추오 치엔 러.
找错钱了。
Zhǎocuò qián le.

Chapter 06 교통

Tip. 교통 수단 이용하기

39 버스 이용하기

40 택시 이용하기

41 지하철 이용하기

42 열차 이용하기

43 렌터카 이용하기

44 자동차 정비하기

Tip. 교통 수단 이용하기

시내버스(꽁지야오쳐 公交车, 꽁꽁치쳐 公共汽车)

중국에는 일반 시내버스 이외에도 전선줄로 운행되는 띠엔쳐(**电车** 트롤리 버스)와 이층버스도 운행되고 있어서 독특한 즐거움을 맛볼 수 있다. 일정 구간을 운행하는 미니버스는 일반 버스보다 좀 비싸기는 하지만 대체로 좌석이 있어 이용하기에 편리하다. 모든 정류장마다 표지판에 현 위치의 정류장 명칭은 물론 노선별 행선지까지 상세히 쓰여 있어 이용하는 데 큰 불편은 없다. 일반적으로 요금은 거리에 따라서 달라진다.

택시(츄주쳐 出租车, 디스 的士)

보통 빈 택시가 보이면 아무 데서나 손을 들고 타면 된다. 택시비는 지역마다 차이가 있는데, 상해 등 대도시는 기본 요금이 12위엔 정도이고 지방 도시들은 더 싸다. 만일을 대비해 시내버스처럼 잔돈을 준비해서 승차하는 것이 좋고, 요금 미터기가 있으므로 하차 시 택시비 영수증을 받아 놓는 것이 좋다.

지하철(띠티에 地铁)

중국의 지하철은 북경, 상해에서만 제한적으로 개통되어 운행되고 있으나, 아직은 공사중인 구간이 많아 한국 서울보다 대중교통으로서의 이용도는 낮은 편이다. 그래도 북경의 경우에는 각 지하철역마다 연결 버스편이 많아서 편리한 편이다.

장거리 고속버스(챵투치쳐 长途汽车)

장거리 버스를 이용하면 어디든지 갈 수는 있지만, 외국인 여행자가 자유롭게 갈 수 있는 개방도시(약 1,000여 개) 이외에 여행증이 필요하거나 출입을 금지하는 도시도 있으므로, 숙박과 식사 외에 개방도시인가 아닌가의 확인과 치안 등에 대한 사전 준비도 필요하다.

기차(훠쳐 火车)

기차는 중국에서 중장거리 여행을 할 때 빼놓을 수 없는 교통수단이다. 중국 기차는 좌석 칸과 침대 칸으로 나뉘어 있다. 식당 칸이 따로 있긴 하지만, 음식 맛이 별로이기 때문에 대부분 컵라면 등의 먹을 것을 싸가지고 승차

하는 경우가 많다.
기차표(훠쳐피아오 火车票)는 직접 역에 가거나 여행사 등을 통해 구매할 수 있다. 암표 장사가 파는 표는 너무 비싸기도 하고 가짜일 수도 있으니 주의해야 한다.

비행기(페이지 飞机)

중국은 영토가 광대한 까닭에 국내선 노선망이 100여 개 이상이 될 정도로 상당히 발달되어 있다. 그러나 전산화가 잘 이루어져 있지 않아 비행기표 예약이 곤란한 경우도 많다. 한국에서 예약을 하고 온 경우라도 반드시 재확인을 해야만 안심할 수 있다.

배(츄안 船)

배를 이용한 여행은 느긋한 마음으로 웅대한 경치를 맛볼 수가 있어 좋다. '장강삼협(长江三峡游)' 유람 코스나 '동양의 베니스'라 불리는 소주(苏州)에서 항주(杭州)까지 매일 저녁 출발하는 유람(약 13시간 소요), 천하의 으뜸이라 하는 계림(桂林)에서의 이강(漓江) 유람(약 3시간 소요)은 추천할 만하다. 일반적으로 관광객을 대상으로 하는 유람선의 각 선실에는 욕실과 화장실 그리고 에어컨 등이 구비되어 있고, 기타 식당, 전망대, 매점 등의 시설이 갖추어져 있다.

관광버스

단체 여행으로 중국을 방문하지 않은 경우, 중국 현지 여행사에서 운영하는 관광 코스를 이용하는 것도 좋은 방법이다. 여행사가 준비한 관광버스를 타고 다니면서 편하게 구경할 수 있는데, 가격도 그다지 비싸지 않으면서 코스도 다양하고, 가이드가 여행지 곳곳을 설명해주기 때문에 금상첨화이다.

렌터카(쭈쳐 租车)

중국에는 아직 렌터카 문화가 형성되어 있지 않기 때문에, 외국인이 렌터카로 중국 여행을 할 때는, 유럽이나 미국처럼 직접 운전하면서 여행하는 경우가 많지 않고, 보통 운전기사가 딸린 자가용이나 승합차, 버스 등을 빌려서 비교적 가까운 곳들을 돌아다니며 쇼핑하거나 여행한다. 중국에서는 한국에서 취득한 국제운전면허증이 있어도 바로 사용할 수 없고, 중국에서 다시 면허 시험을 봐야 한다.

교통 — 버스 이용하기

버스 정류장이 어디입니까?
Do you know where the bus station is?

어느 버스가 기차역에 갑니까?
Which bus is going to the railway station?

이 버스가 동물원에 정차합니까?
Does this bus stop at the zoo?

그 버스는 몇 시에 출발합니까?
What time does the bus leave?

다음 버스는 몇 시에 옵니까?
When is the next bus?

어디에서 내려야 하나요?
Where should I get off?

버스를 잘못 탔어요.
I took the wrong bus.

꽁지야오 쳐짠 짜이 날리?
公交车站在哪里？
Gōngjiāo chēzhàn zài nǎli?

지 루 쳐 취 훠쳐짠?
几路车去火车站？
Jǐ lù chē qù huǒchēzhàn?

쪄량 쳐 짜이 똥우위엔 팅 마?
这辆车在动物园停吗？
Zhè liàng chē zài dòngwùyuán tíng ma?

나량 꽁지야오쳐 지 디엔 파쳐?
那辆公交车几点发车？
Nà liàng gōngjiāochē jǐ diǎn fā chē?

씨야 이량 쳐 션머 스허우 따오?
下一辆车什么时候到？
Xià yí liàng chē shénme shíhou dào?

워 짜이 날 씨야쳐?
我在哪儿下车？
Wǒ zài nǎr xià chē?

워 쭈어추오 쳐 러.
我坐错车了。
Wǒ zuòcuò chē le.

교통 택시 이용하기

택시는 어디에서 탑니까?
Where is the taxi stand?

공항으로 가 주세요.
Take me to the airport, please.

빨리 갑시다.
Please hurry.

똑바로 가 주세요.
Go straight, please.

다음 모퉁이에서 돌아 주세요.
Turn at the next corner.

여기에서 기다려 주실래요?
Can you please wait for me?

거스름돈이 모자랍니다.
I don't have enough change.

츄주쳐짠 짜이 날리?
出租车站在哪里？
Chūzūchēzhàn zài nǎli?

칭 따이 워 취 지챵.
请带我去机场。
Qǐng dài wǒ qù jīchǎng.

칭 콰이 이씨에.
请快一些。
Qǐng kuài yì xiē.

칭 이즈 저우.
请一直走。
Qǐng yìzhí zǒu.

짜이 씨야 이거 루커우 쥬안완.
在下一个路口转弯。
Zài xià yí ge lùkǒu zhuǎn wān.

넝 덩 워 마?
能等我吗？
Néng děng wǒ ma?

워더 링치엔 부꺼우 러.
我的零钱不够了。
Wǒ de língqián bú gòu le.

교통 지하철 이용하기

지하철역이 어디입니까?
Where is the subway station?

지하철 노선도를 한 장 사고 싶어요.
May I have a subway map?

천안문에 가려면 몇 호선을 타야 합니까?
Which track is for Tian'anmen?

2호선을 타세요.
Take line No 2.

어디서 갈아탑니까?
Where do I transfer?

'홍콩가' 쪽 출구가 어디입니까?
Can you tell me which exit is for HongKong Street?

시청으로 가는 지하철이 맞습니까?
Is this the right subway to City Hall?

띠티에짠 짜이 날리?
地铁站在哪里？
Dìtiězhàn zài nǎli?

워 야오 마이 이쨩 띠티에 루씨엔투.
我要买一张地铁路线图
Wǒ yào mǎi yì zhāng dìtiě lùxiàntú.

청 지 하오 씨엔 취 티엔안먼?
乘几号线去天安门？
Chéng jǐ hào xiàn qù Tiān'ānmén?

청 얼 하오 씨엔.
乘2号线。
Chéng èr hào xiàn.

짜이 날리 쥬안쳐?
在哪里转车？
Zài nǎli zhuǎn chē?

넝 까오쑤 워 취 "씨양깡지에"더 츄커우 짜이 날리 마?
能告诉我去"香港街"的出口在哪里吗？
Néng gàosu wǒ qù "Xiānggǎngjiē" de chūkǒu zài nǎli ma?

쪄스 취 스쩡푸 더 루씨엔 마?
这是去市政府的路线吗？
Zhè shì qù shìzhèngfǔ de lùxiàn ma?

교통 — 열차 이용하기

편도 표 한 장 주세요.
I'd like a one way ticket, please.

어떤 표로 드릴까요?
What class would you like?

침대 칸으로 주십시오.
First class, please.

청도행 열차가 있습니까?
Is there a train for Qingdao?

좀 더 이른 차는 없습니까?
Are there any earlier ones?

이 열차가 청도행 열차입니까?
Is this the train for Qingdao?

식당 칸이 딸려 있습니까?
Is there a dining car?

워 야오 이쨩 딴청피야오.
我要一张单程票。
Wǒ yào yì zhāng dānchéngpiào.

야오 나 이 쫑 훠쳐피야오?
要哪一种火车票?
Yào nǎ yì zhǒng huǒchēpiào?

야오 루안워.
要软卧。
Yào ruǎnwò.

쩌리 여우 취 칭다오더 훠쳐 마?
这里有去青岛的火车吗?
Zhèlǐ yǒu qù Qīngdǎo de huǒchē ma?

여우 자오 이디엔더 쳐 마?
有早一点的车吗?
Yǒu zǎo yìdiǎn de chē ma?

쩌쳐 취 칭다오 마?
这车去青岛吗?
Zhè chē qù Qīngdǎo ma?

쳐샹 여우 찬팅 마?
车上有餐厅吗?
Chēshang yǒu cāntīng ma?

교통 — 렌터카 이용하기

차를 빌리려고 하는데요.
I'd like to rent a car.

어떤 종류의 차를 원하십니까?
What type of car would you like?

소형차가 좋겠어요.
I'd like a compact car, please.

하루에 얼마입니까?
What's the daily rate?

보증금을 걸어야 하나요?
Do I have to pay a deposit?

운전면허증을 보여 주십시오.
Please show me your driver's license.

차를 점검해 주시겠어요?
Would you inspect my car?

워 씨양 쭈쳐.
我想租车。
Wǒ xiǎng zū chē.

씨양 쭈 션머양더 쳐?
想租什么样的车？
Xiǎng zū shénmeyàng de chē?

씨양 쭈 씨야오씽 쳐.
想租小型车。
Xiǎng zū xiǎoxíngchē.

이티엔 뚜어샤오 치엔?
一天多少钱？
Yìtiān duōshao qián?

야오 지야오 야진 마?
要交押金吗？
Yào jiāo yājīn ma?

칭 게이 워 칸칸 니더 지야스쩡.
请给我看看你的驾驶证。
Qǐng gěi wǒ kànkan nǐ de jiàshǐzhèng.

넝 지엔챠 이샤 워더 쳐 마?
能检查一下我的车吗？
Néng jiǎnchá yíxià wǒ de chē ma?

교통 — 자동차 정비하기

무슨 문제가 있습니까?
What's wrong with it?

차가 고장 났어요.
My car doesn't work.

배터리가 나간 것 같아요.
The battery seems to be dead.

타이어가 펑크 났어요.
I've got a flat tire.

기름을 가득 채워 주세요.
Fill it up, please.

오일을 점검해 주세요
Can you check the oil, please.

수리하는 데 얼마나 걸립니까?
How long will it take to fix it?

여우 션머 원티 마?
有什么问题吗?
Yǒu shénme wèntí ma?

워더 쳐 화이 러.
我的车坏了。
Wǒ de chē huài le.

띠엔핑 칸라이 메이 띠엔 러.
电瓶看来没电了。
Diànpíng kànlái méi diàn le.

쳐타이 메이 치 러.
车胎没气了。
Chētāi méi qì le.

칭 찌야만 여우.
请加满油。
Qǐng jiāmǎn yóu.

칭 지엔챠 이샤 여우량.
请检查一下油量。
Qǐng jiǎnchá yíxià yóuliàng.

쉬야오 씨우리 뚜어챵 스지엔?
需要修理多长时间?
Xūyào xiūlǐ duōcháng shíjiān?

Chapter 07 관광

Tip. 관광하기

- 45 관광 안내소에 문의하기
- 46 버스 투어하기
- 47 관람 및 관전하기
- 48 티켓 구입하기
- 49 카지노 이용하기
- 50 사진 촬영 및 현상하기
- 51 길 물어보기
- 52 길 안내 받기

Tip. 관광하기

일반적으로 중국 각지의 대형 호텔은 현지 관광을 알선하는 여행 업무도 대행하므로, 호텔의 안내소에 찾아가서 여행 일정을 문의하고 예약을 하면 된다. 그리고 기차표나 비행기표 구매 역시 약간의 수수료를 지불하더라도 호텔의 여행 업무 서비스를 받는 것이 훨씬 정확하고 안전하다.

시내 관광은 시내버스나 택시로도 충분히 가능하지만, 시내에서 좀 떨어진 교외는 교통편이 극히 제한적이어서 현지 여행사의 프로그램에 합류하는 것이 더 경제적이며 효율적이다. 아니면 교통비 부담이 좀 늘더라도 자유롭고 편하게 렌터카나 택시를 대절해서 관광하는 방법도 있다.

개인적으로 관광할 경우에는, 도시 곳곳에 있는 거리명을 유의해서 보고 다니면 길 찾기가 그다지 어렵지 않을 것이다. 또한 여행 스케줄을 짤 때에는 문화유적지나 박물관·기념관·극장 등의 쉬는 날과 개관·폐관 시간을 미리 알아 두어야 시간을 관리하기가 쉬울 것이다.

어디를 여행하든 무엇보다도 중요한 것은 신변의 안전이므로, 단체 여행 시 개인 행동을 삼가고, 길을 잃거나 불의의 사고를 당하지 않도록 가이드의 말에 세심하게 귀를 기울여야 한다. 또한 지갑이나 여권, 카메라 등 귀중품은 알아서 잘 관리하도록 해야 한다. 현금은 분산시켜서 휴대하고 다니는 것이 비교적 안전하고, 지갑에 너무 많은 현금을 넣어 가지고 다니는 것은 소매치기의 표적이 될 수 있으므로 주의하는 것이 좋다.

각종 주의 표지

출입금지 - 씽런 즈뿌 行人止步
접근금지 - 칭우카오찐 请勿靠近
금연 - 찐즈 씨옌 禁止吸烟
조용히 하세요 - 쑤징 肃静
손대지 마세요 - 칭우똥쇼우 请勿动手
사진 촬영 금지 - 씨에쥐에 쨔오씨양 谢绝照相
휴대품 조심 - 씨야오씬 씽리 小心行李
들어가지 마세요 - 뿌쥰 루네이 不准入内
미끄럼 주의 - 땅신 루화 当心路滑

각종 여행 상품 광고판들

관광·안내소에 문의하기

관광

관광 지도 한 장 주세요.
Can I have a sightseeing map, please?

구경하기에 제일 좋은 곳이 어디입니까?
Where is the best place to visit?

볼 만한 곳을 알려주시겠습니까?
Can you recommend an interesting place?

만리장성을 권해 드리고 싶습니다.
I recommend the Great Wall.

그곳에는 어떻게 갑니까?
How can I get there?

걸어서 갈 수 있습니까?
Can I go there on foot?

택시를 타는 것이 좋습니다.
You'd better take taxi.

커이 게이 워 이쨩 징디엔투 마?
可以给我一张景点图吗?
Kěyǐ gěi wǒ yì zhāng jǐngdiǎntú ma?

날스 쭈이하오더 취츄?
哪儿是最好的去处?
Nǎr shì zuìhǎo de qùchù?

니 넝 투이지엔 하오왈더 띠팡 마?
你能推荐好玩儿的地方吗?
Nǐ néng tuījiàn hǎowánr de dìfang ma?

워 투이지엔 취 챵쳥.
我推荐去长城。
Wǒ tuījiàn qù Chángchéng.

전양 취 나리?
怎样去那里?
Zěnyàng qù nàli?

저우져 넝 취 마?
走着能去吗?
Zǒuzhe néng qù ma?

니 쭈이하오 다쳐 취.
你最好打车去。
Nǐ zuìhǎo dǎ chē qù.

관광 버스 투어하기

오늘 관광이 있습니까?
Do you have a tour today?

시내 관광에 참여하고 싶습니다.
I'd like to do a city tour.

관광 코스를 추천해 주시겠습니까?
Can you recommend a sightseeing tour?

어디서 출발합니까?
Where does it start?

몇 시에 돌아옵니까?
What time will we be back?

그 관광은 시간이 얼마나 걸립니까?
How long does the tour take?

식사가 포함되어 있습니까?
Are any meals included?

진티엔 여우 꽌꽝 마?
今天有观光吗?
Jīntiān yǒu guānguāng ma?

워 씨양 여우란 이샤 스네이.
我想游览一下市内。
Wǒ xiǎng yóulǎn yíxià shìnèi.

넝 투이지엔 하오더 찡디엔 마?
能推荐好的景点吗?
Néng tuījiàn hǎo de jǐngdiǎn ma?

총 션머 띠팡 츄파?
从什么地方出发?
Cóng shénme dìfang chūfā?

워먼 션머 스허우 후이라이?
我们什么时候回来?
Wǒmen shénme shíhou huílái?

꽌꽝 쉬야오 뚜어챵 스지엔?
观光需要多长时间?
Guānguāng xūyào duōcháng shíjiān?

빠오쿼 찬페이 마?
包括餐费吗?
Bāokuò cānfèi ma?

관광 — 관람 및 관전하기

여기서 열리는 경기가 있습니까?
Are there any sports events here?

오늘 밤에 상영하는 것이 뭐죠?
What's on tonight?

게임은 몇 시에 시작됩니까?
What time does the game begin?

공연은 몇 시에 끝납니까?
What time is the show over?

휴식 시간이 얼마나 됩니까?
How long is the intermission?

안에서 사진을 찍어도 됩니까?
May I take some pictures inside?

엽서 있습니까?
Do you sell postcards?

쪄리 여우 비싸이 마?
这里有比赛吗?
Zhèlǐ yǒu bǐsài ma?

찐완 여우 션머 지에무?
今晚有什么节目?
Jīnwǎn yǒu shénme jiémù?

비싸이 션머 스허우 카이스?
比赛什么时候开始?
Bǐsài shénme shíhou kāishǐ?

이엔츄 션머 스허우 지에슈?
演出什么时候结束?
Yǎnchū shénme shíhou jiéshù?

씨우시 뚜어챵 스지엔?
休息多长时间?
Xiūxi duōcháng shíjiān?

커이 짜이 리미엔 파이 쨔오피엔 마?
可以在里面拍照片吗?
Kěyǐ zài lǐmiàn pāi zhàopiān ma?

마이 밍신피엔 마?
卖明信片吗?
Mài míngxìnpiàn ma?

관광 — 티켓 구입하기

표가 있습니까?
Can I get a ticket?

남은 자리가 있습니까?
Are there any seats left?

입장료가 얼마입니까?
How much is the admission fee?

오늘 밤 공연 표, 두 장 주세요.
I'd like two tickets for tonight.

표가 매진되었습니다.
The tickets are sold out.

다음 주 월요일은 어떻습니까?
How about next Monday?

가운데 자리로 주세요.
I'd like one in the middle row, please.

여우 피야오 마?
有票吗?
Yǒu piào ma?

하이여우 콩 웨이즈 마?
还有空位子吗?
Háiyǒu kòng wèizi ma?

먼피야오 뚜어샤오 치엔?
门票多少钱?
Ménpiào duōshao qián?

워 야오 량쨩 찐완더 피야오.
我要两张今晚的票。
Wǒ yào liǎng zhāng jīnwǎn de piào.

피야오 마이완 러.
票卖完了。
Piào màiwán le.

씨야쩌우 이 전머양?
下周一怎么样?
Xiàzhōu yī zěnmeyàng?

칭 게이 워 이쨩 쭝지엔 쭈어웨이더 피야오.
请给我一张中间座位的票。
Qǐng gěi wǒ yì zhāng zhōngjiān zuòwèi de piào.

관광 — 카지노 이용하기

이 호텔에 카지노가 있습니까?
Is there a casino in this hotel?

카지노 경험이 없는데요.
I've never played in a casino.

어느 것이 초보자에게 쉬운가요?
Which game is good for a beginner?

어디서 포커를 할 수 있습니까?
Where can I play poker?

포커는 어떻게 하는 건가요?
Please, show me how to play poker.

칩은 어디서 삽니까?
How can I get chips?

500위엔을 칩으로 주실래요?
May I have 500 Yuan in chips?

쩌 지우디엔리 여우 위러챵 마?
这酒店里有娱乐场吗?
Zhè jiǔdiànli yǒu yúlèchǎng ma?

워 메이 왈 궈.
我没玩儿过。
Wǒ méi wánr guo.

씬쇼우 왈 나거 하오 너?
新手玩儿哪个好呢?
Xīnshǒu wánr nǎ ge hǎo ne?

짜이 날리 왈 푸커?
在哪里玩儿扑克?
Zài nǎli wánr púkè?

칭 랑 워 칸 이샤 전양 왈 푸커.
请让我看一下怎样玩儿扑克。
Qǐng ràng wǒ kàn yíxià zěnyàng wánr púkè.

짜이 날 뚜이환 쳐우마?
在哪儿兑换筹码?
Zài nǎr duìhuàn chóumǎ?

게이 워 뚜이환 우바이 콰이치엔더 쳐우마.
给我兑换500块钱的筹码。
Gěi wǒ duìhuàn wǔ bǎi kuài qián de chóumǎ.

관광

사진 촬영 및 현상하기

여기에서 사진을 찍어도 됩니까?
May I take pictures here?

사진을 찍읍시다.
Let's take a picture.

사진을 찍어 주시겠습니까?
Could you take a picture for me?

이 셔터만 누르면 됩니다.
Just push this button.

이 필름을 현상하고 싶은데요.
I'd like to have this film developed.

카메라가 고장 났습니다.
This camera doesn't work.

고쳐 주시겠습니까?
Can you repair it?

커이 짜이 쪄리 파이쨔오 마?
可以在这里拍照吗?
Kěyǐ zài zhèlǐ pāi zhào ma?

파이 쨔오피엔 바.
拍照片吧。
Pāi zhàopiàn ba.

커이 빵 워 파이쨩 쨔오피엔 마?
可以帮我拍张照片吗?
Kěyǐ bāng wǒ pāi zhāng zhàopiàn ma?

안 쪄거 지엔.
按这个键。
Ān zhè ge jiàn.

워 씨양 씨 쨔오피엔.
我想洗照片。
Wǒ xiǎng xǐ zhàopiàn.

쪄타이 쨔오씨양지 화일 러.
这台照相机坏了。
Zhè tái zhàoxiàngjī huài le.

넝 씨우리 마?
能修理吗?
Néng xiūlǐ ma?

관광 — 길 물어보기

여기가 어디입니까?
Where am I?

공원은 어디에 있습니까?
Where is the park?

도와주세요.
Please help me.

길을 잃은 것 같습니다.
I'm afraid I am lost.

여기서 멉니까?
Is it far from here?

약도를 좀 그려 주시겠습니까?
Could you draw me a map?

힐튼 호텔에 가는 길을 알려 주시겠습니까?
Could you tell me the way to the Hilton Hotel?

쩌스 날리?
这是哪里?
Zhè shì nǎli?

꽁위엔 짜이 날리?
公园在哪里?
Gōngyuán zài nǎli?

칭 빵빵 워.
请帮帮我。
Qǐng bāngbang wǒ.

하오씨양 워 미루 러.
好像我迷路了。
Hǎoxiàng wǒ mílù le.

리 쩌리 위엔 마?
离这里远吗?
Lí zhèlǐ yuǎn ma?

넝 빵 워 화거 투 마?
能帮我画个图吗?
Néng bāng wǒ huà ge tú ma?

넝 까오쑤 워 취 시얼뚠 지우디엔더 루 마?
能告诉我去希尔顿酒店的路吗?
Néng gàosu wǒ qù Xì'ěrdùn jiǔdiàn de lù ma?

관광 — 길·안내 받기

이곳이 처음입니다.

I'm a stranger here.

이 길입니까?

Is it on this street?

지나쳐 오셨네요.

You're come too far.

여기에서 가깝습니까?

Is it near here?

이 길의 이쪽 편입니까?

Is it on this side of the street?

오른쪽입니까?

Is it on the right?

다음 모퉁이에서 오른쪽으로 돌아가세요.

Turn right at the corner.

워 띠 이츠 라이 쩔.
我第一次来这儿。
Wǒ dì yí cì lái zhèr.

스 짜이 쪄 티야오 지에 마?
是在这条街吗?
Shì zài zhè tiáo jiē ma?

니 이징 추오꿔 러.
你已经错过了。
Nǐ yǐjing cuòguò le.

리 쩔 찐 마?
离这儿近吗?
Lí zhèr jìn ma?

짜이 지에더 쪄비엔 마?
在街的这边吗?
Zài jiē de zhèbiān ma?

짜이 여우비엔 마?
在右边吗?
Zài yòubiān ma?

따오 과이지야오 여우쥬안.
到拐角右转。
Dào guǎijiǎo yòu zhuǎn.

Chapter 08 쇼핑

Tip. 쇼핑하기

53 쇼핑 관련 질문하기

54 물건 고르기(1)

55 물건 고르기(2)

56 포장 요청하기

57 면세점 이용하기

58 교환 및 환불하기

59 계산하기

Tip. 쇼핑하기

쇼핑의 묘미는 가격 흥정에 있다고 해도 과언이 아닐 것이다. 대부분 외국 관광객을 상대로 하는 기념품 상점의 물건 가격은 실제 가격보다 너무 높게 책정되어 있으므로, 부른 가격의 반 또는 심지어 80%까지 흥정해도 어렵지 않게 살 수 있는 경우도 있다. 이렇게 흥정을 했음에도 불구하고 더 싼 값에 파는 곳도 있으므로, 중국에서 물건을 구입할 때는 반드시 세 곳 이상의 가격을 비교해 본 뒤에 사도록 한다.

중국 공항이나 기내에 있는 면세점에서는 주로 화장품, 향수, 담배, 술, 기념품 등을 판매한다. 다만 중국 공항의 상점들에서 판매하는 술이나 차, 공예품들은 시중의 것보다 더 비싸므로 아이 쇼핑을 즐기는 것으로 만족해도 괜찮다. 기내에서 판매하는 면세품은 시중가보다 더 싸므로 선물용으로 구입할 만하다.

중국의 백화점

중국의 쇼핑센터로는 외국인이나 중상층을 대상으로 하는 고급 백화점(百货商场)과 일반 서민들이 자주 찾는 대형(할인)마트나 재래식 시장이 있다. 시간적인 여유가 있다면 두 곳 다 가볼 만하다. 특히 최근 북경, 상해, 청도 등 대도시에 설립된 외국계 백화점이나 중국 백화점과 대형마트들은 그 규모나 상품들이 우리의 대형 백화점과 비교해도 손색이 없을 정도이다. 보통 중국어로는 꺼우쭝신(购物中心), 챠오스(超市), 샹청(商城), 따샤(大厦)라고 표기되어 있다.

중국의 시장

시장에서는 신선하고 저렴한 과일, 야채, 생선, 육류 등의 다양한 물건들이 판매되며, 가격 또한 흥정이 가능하니 그야말로 중국인의 실생활을 생생하게 체험할 수 있는 최적의 장소라고 할 수 있다. 시간을 내서 여유롭게 시장 구석구석을 돌며 이것저것 구경도 하고, 구경하다 지치면 한국에서 먹기 어려운 열대 과일을 사서 여행으로 지친 심신에 비타민을 공급해 줘도 좋을 것이다.

전자제품 구입하기

최근에 중국에서 한국보다 상대적으로 저렴한 중국산 전자제품을 구입하는 사람들이 늘고 있다. 전자제품은 안전이나 A/S를 고려해 볼 때 대형 매장이나 마트, 백화점 등에서 사는 것이 비교적 안전하다. 같은 제품이라도 매장마다 가격이 천차만별이므로 흥정을 잘해서 구입하는 것이 최선의 방법이며 정품을 구입했다 하더라도 부속품을 꼼꼼히 확인해야 한다.

쇼핑 쇼핑 관련 질문하기

거기에 상가 지역이 있습니까?
Is there a shopping area?

백화점이 어디입니까?
Where is a department store?

여성복 매장은 몇 층입니까?
Which floor is women's clothing on?

면도기는 어디에서 살 수 있나요?
Where can I buy a razor?

식품은 어디에 있습니까?
Where are the food?

몇 시에 문을 엽니까?
What time do you open?

몇 시에 문을 닫습니까?
What time do you close?

나리 여우 꺼우우취 마?
那里有购物区吗?
Nàli yǒu gòuwùqū ma?

바이훠샹챵 짜이 날리?
百货商场在哪里?
Bǎihuòshāngchǎng zài nǎli?

뉘쮸앙 짜이 지 로우?
女装在几楼?
Nǚzhuāng zài jǐ lóu?

날리 넝 마이따오 티쉬따오?
哪里能买到剃须刀?
Nǎli néng mǎi dào tìxūdāo?

스핀 짜이 날리?
食品在哪里?
Shípǐn zài nǎli?

니먼 지 디엔 카이먼?
你们几点开门?
Nǐmen jǐ diǎn kāimén?

니먼 지 디엔 꽌먼?
你们几点关门?
Nǐmen jǐ diǎn guānmén?

쇼핑 — 물건 고르기 (1)

피팅룸이 어디입니까?
Where's the fitting room?

이런 것이 있습니까?
Do you have something like this?

이것으로 다른 색이 좋을 것 같아요.
I'd like it in a different color.

어떤 것이 더 좋은가요?
Which is better?

너무 어둡네요.
It's too dark.

내게 딱 맞네요.
It fits me well.

이건 최신 상품인가요?
Is this the latest thing?

스이지엔 짜이 날리?
试衣间在哪里?
Shìyījiān zài nǎli?

여우 씨양 쪄양더 마?
有像这样的吗?
Yǒu xiàng zhèyàng de ma?

워 씨양 야오 쪄지엔 비에더 옌써.
我想要这件别的颜色。
Wǒ xiǎng yào zhè jiàn bié de yánsè.

나거 껑 하오?
哪个更好?
Nǎ ge gèng hǎo?

쪄지엔 타이 안 러.
这件太暗了。
Zhè jiàn tài àn le.

타 헌 스허 워.
它很适合我。
Tā hěn shìhé wǒ.

쪄스 신 챤핀 마?
这是新产品吗?
Zhè shì xīn chǎnpǐn ma?

쇼핑 — 물건 고르기 (2)

가방 좀 보여 주세요.
I'm looking for a bag.

이것 좀 보여 주세요.
Show me this one.

이것을 입어 봐도 될까요?
May I try this on?

이걸로 주세요.
I'll take this one.

다른 것으로 보여 주세요.
Show me some others, please.

싼 것으로 보여 주세요.
Show me a cheaper one, please.

내가 원하는 것이 아니예요.
That's not what I want.

워 씨양 칸이칸 빠오.
我想看一看包。
Wǒ xiǎng kàn yi kàn bāo.

게이 워 칸이샤 쩌거.
给我看一下这个。
Gěi wǒ kàn yíxià zhè ge.

워 커이 스 이샤 쩌거 마?
我可以试一下这个吗？
Wǒ kěyǐ shì yíxià zhè ge ma?

워 야오 쩌거.
我要这个。
Wǒ yào zhè ge.

칭 게이 워 칸칸 비에더.
请给我看看别的。
Qǐng gěi wǒ kànkan bié de.

게이 워 칸칸 피엔이더.
给我看看便宜的。
Gěi wǒ kànkan piányi de.

쩌 부스 워 씨양야오더.
这不是我想要的。
Zhè bú shì wǒ xiǎng yào de.

쇼핑 — 포장 요청하기

선물용으로 포장해 주세요.
Can you gift wrap this, please.

따로따로 포장해 주세요.
Wrap these separately, please.

같이 포장해 주세요.
Please wrap them up together.

선물용 상자에 넣어 주세요.
May I have a gift box for this?

가격표를 떼 주시겠어요?
Could you take the price tags off?

배달해 주나요?
Do you deliver?

여기로 보내 주세요.
Send it to this address, please.

칭 빠오청 리핀 빠오쮸앙.
请包成礼品包装。
Qǐng bāochéng lǐpǐn bāozhuāng.

칭 바 타먼 펀카이 빠오쮸앙.
请把它们分开包装。
Qǐng bǎ tāmen fēnkāi bāozhuāng.

칭 바 타먼 빠오짜이 이치.
请把它们包在一起。
Qǐng bǎ tāmen bāo zài yìqǐ.

칭 바 쩌거 빠오짜이 리핀허리.
请把这个包在礼品盒里。
Qǐng bǎ zhè ge bāo zài lǐpǐnhéli.

넝 바 삐야오지야치엔 (찌야거비야오) 쓰띠야오 마?
能把标价签(价格表)撕掉吗?
Néng bǎ biāojiàqiān(jiàgébiǎo) sīdiào ma?

쏭 훠 마?
送货吗?
Sòng huò ma?

칭 바 타 쏭따오 쩌거 띠즈.
请把它送到这个地址。
Qǐng bǎ tā sòngdào zhè ge dìzhǐ.

쇼핑 면세점 이용하기

향수를 사고 싶습니다.
I'd like to buy some perfume.

어떤 상표를 원하십니까?
Which brand do you want?

이것과 저것 하나씩 주세요.
One of those and one of these.

이걸로 하겠습니다.
I'll take this.

이것은 면세입니까?
Is this tax-free?

구경만 하겠습니다.
I'm just looking, thanks.

이 가방은 진짜 가죽입니까?
Is this bag made of genuine leather?

워 씨양 마이 씨양슈이.
我想买香水。
Wǒ xiǎng mǎi xiāngshuǐ.

씨양 마이 션머 파이즈더?
想买什么牌子的?
Xiǎng mǎi shénme páizi de?

쩌 량죵 이양 이핑.
这两种一样一瓶。
Zhè liǎng zhǒng yíyàng yì píng.

워 야오 쩌거.
我要这个。
Wǒ yào zhè ge.

쩌스 미엔슈이더 마?
这是免税的吗?
Zhè shì miǎnshuì de ma?

워 즈스 칸칸.
我只是看看。
Wǒ zhǐshì kànkan.

쩌거 빠오 스 쩐피더 마?
这个包是真皮的吗?
Zhè ge bāo shì zhēnpí de ma?

쇼핑 — 교환 및 환불하기

교환할 수 있습니까?
Can I exchange this?

치수 좀 바꿔 주세요.
Can I change the size?

이것을 반품하고 싶어요.
I'd like to return this.

전혀 작동하지 않네요.
It doesn't work at all.

이것을 고쳐 주세요.
I'd like to have this fixed.

환불이 가능합니까?
Can I get a refund on this?

영수증 여기 있습니다.
Here's the receipt.

커이 환 쩌거 마?
可以换这个吗?
Kěyǐ huàn zhè ge ma?

커이 환 비에더 츠춘 마?
可以换别的尺寸吗?
Kěyǐ huàn bié de chǐcùn ma?

워 씨양 투이훠.
我想退货。
Wǒ xiǎng tuìhuò.

타 츄 꾸짱 러.
它出故障了。
Tā chū gùzhàng le.

워 씨양 씨우 이 씨우.
我想修一修。
Wǒ xiǎng xiū yi xiū.

커이 투이콴 마?
可以退款吗?
Kěyǐ tuì kuǎn ma?

게이 니 파피야오.
给你发票。
Gěi nǐ fāpiào.

쇼핑 계산하기

얼마입니까?
How much is it?

너무 비싸요.
It's too expensive.

깎아 주세요.
Can you give me a lower price?

예상했던 것보다 비싸네요.
That's more than I expected.

싼 것은 없습니까?
Do you have a cheaper one?

이거 세일하나요?
Is this on sale?

여행자수표를 받습니까?
Do you accept traveler's checks?

뚜어샤오 치엔?
多少钱?
Duōshao qián?

타이 꾸이 러.
太贵了。
Tài guì le.

넝 피엔이디엔 마?
能便宜点吗?
Néng piányi diǎn ma?

비 워 씨양씨양더 꾸이.
比我想像的贵。
Bǐ wǒ xiǎngxiàng de guì.

여우 피엔이디엔더 마?
有便宜点的吗?
Yǒu piányi diǎn de ma?

쩌 스 다져더 마?
这是打折的吗?
Zhè shì dǎzhé de ma?

쇼우 뤼씽 즈피야오 마?
收旅行支票吗?
Shōu lǚxíng zhīpiào ma?

Chapter 09 공공시설

Tip. 공공시설 이용하기

60 시내 전화 하기

61 국제 전화 하기

62 우체국 이용하기(1)

63 우체국 이용하기(2)

64 은행 이용하기

Tip. 공공시설 이용하기

전화를 이용할 때

여행 도중 한국으로 국제전화를 하고자 할 때는 호텔의 국제전화 서비스를 신청하는 것이 가장 편리하다. 체류하고 있는 지역의 호텔 중 비교적 규모가 큰 곳으로 가서, 로비에 설치된 카드식 공중전화를 이용하거나, 프런트데스크(치엔타이 前台)에서 국제전화 신청용지를 기입하여 신청하면 된다.

중국에서 한국으로 국제전화를 할 때는 0082 + 지역번호(맨 앞의 '0'을 빼고) + 한국 전화번호를 누르면 된다. 중국에서 한국 휴대폰으로 국제 전화를 할 때는 0082 + 휴대폰 번호(맨앞의 '0'을 빼고)를 누른다. 지역마다 조금씩 차이가 있을 수 있으니, 먼저 문의한 후에 걸도록 하자.

중국에서 공중전화로 한국에 연락할 때는 먼저 슈퍼마켓이나 상점에 들어가 국제전화카드(궈지띠엔화카 国际电话卡)를 판매하는지 또는 한국으로 국제전화를 걸 수 있는지를 물어본 후, 가르쳐 주는 대로 번호를 누르면 된다.

한국에서 사용하던 휴대폰을 로밍해서 중국에 가면, 한국으로 전화 걸고 싶을 때 언제든지 걸 수 있어서 편리한 반면 요금이 콜렉트콜보다 훨씬 비싸다.

팩스를 이용할 때

북경이나 상해 등 대도시의 특급호텔은 비즈니스센터(샹우쭝신 商务中心)가 있어 업무상 필요한 팩스(츄안쩐 传真) 송신이나 복사(푸인 复印) 등이 아주 편리하다. 이용 방법은 송신 용지에 내용을 적고 송신하고자 하는 상대방의 팩스 번호를 기입하면 된다. 가격은 주로 페이지당 계산한다. 그리고 요즘엔 일반 복사집에도 팩스기가 있는 곳이 많아져서 팩스 보내기가 더 수월해졌다.

은행을 이용할 때

일반적으로 중국 내에서의 환전(환치엔 换钱)은 은행·호텔·공항 등에서 할 수 있다. 환전 시 받는 영수증인 환전증명서는 반드시 보관해야만 출국 시 쓰고 남은 중국 돈을 바꿀 수 있다는 점에도 유의해야 한다. 환전할 때는 여권(후쨔오 护照passport)이 필요하다. 중국에서 신용카드 사용은 다소 불편하고 수수료도 높은 편이므로 신용카드의 사용을 자제하는 것이 좋다.

우체국을 이용할 때

대형 호텔은 우표 판매나 우편 및 소형 소포 등을 부칠 수 있도록 우편 업무를 대행해 준다. 그러나 간단한 우편 업무가 아니라면 우체국을 이용해야 하는데, 국제우편일 경우에는 겉봉에 반드시 'Air Mail'이라고 명기하는 것이 좋다. 소포를 부칠 때는 상자 등을 봉하지 않은 채로 가야 한다. 이는 먼저 우체국의 소포 담당자에게 내용물 검사를 받아야 함은 물론 때로는 서적류 등을 일일이 검토하여 '국외반출허가증명서' 등을 요구하는 경우가 있기 때문이다.

병원을 이용할 때

몇 개 대도시에 한국 병원들이 있긴 하지만, 규모가 작기 때문에 전반적인 치료를 받기에는 미흡한 점이 많다. 외국계 병원이나 중외합작병원이 더러 있기는 하지만 너무 극소수라서 중국에서 여행 중 병이 났을 때는 대부분 중국 병원을 이용할 수밖에 없다. 한국에서 여행자보험에 가입했다면 치료 후 반드시 진단서와 영수증을 받아 두어야 귀국 후 보험 혜택을 받을 수 있다.

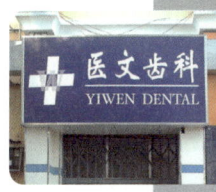

공공시설 — 시내 전화 하기

이선생님과 통화할 수 있습니까?
May I speak to Mr. Lee?

이선생님 계십니까?
Is Mr Lee there?

이선생님은 통화 중입니다.
Mr. Lee is on another line.

그는 지금 부재 중입니다.
He's not here at the moment.

메모를 남겨도 될까요?
Can I take a message?

4시경에 다시 걸겠습니다.
I'll call back around 4 o'clock.

전화 부탁한다고 전해 주세요.
Please ask him to call me.

워 씨양 쟈오 리 씨엔셩.
我想找李先生。
Wǒ xiǎng zhǎo Lǐ xiānsheng.

리 씨엔셩 짜이 마?
李先生在吗?
Lǐ xiānsheng zài ma?

리 씨엔셩 쪙짜이 다 띠엔화.
李先生正在打电话。
Li xiānsheng zhèngzài dǎ diànhuà.

타 씨엔짜이 부짜이 쪄리.
他现在不在这里。
Tā xiànzài bú zài zhèlǐ.

커이 리우옌 마?
可以留言吗?
Kěyǐ liúyán ma?

워 따위에 쓰 디엔 짜이 다 띠엔화 바.
我大约4点再打电话吧。
Wǒ dàyuē sì diǎn zài dǎ diànhuà ba.

칭 랑 타 게이 워 다 띠엔화.
请让他给我打电话。
Qǐng ràng tā gěi wǒ dǎ diànhuà.

공공시설 — 국제 전화 하기

한국에 전화하고 싶은데요.
I'd like to make a phone call to Korea.

장거리 전화를 하고 싶습니다.
I'd like to make a long distance call.

어디로 거실 겁니까?
Where would you like to call?

전화번호와 받는 분의 성함을 말씀해 주세요.
What's the number and party's name?

이름은 김대한이고, 번호는 235-7274입니다.
My name is Dae-han Kim, phone number is 235-7574.

다시 걸겠습니다.
I'll try again later.

끊지 말고, 잠시 기다려 주세요.
Hold on a minute please.

워 씨양 왕 한궈 다 띠엔화.

我想往韩国打电话。

Wǒ xiǎng wǎng Hánguó dǎ diànhuà.

워 씨양 다 챵투 띠엔화.

我想打长途电话。

Wǒ xiǎng dǎ chángtú diànhuà.

니 씨양 왕 날리 다?

你想往哪里打？

Nǐ xiǎng wǎng nǎli dǎ?

뚜이팡 하오마 허 씽밍 스 션머?

对方号码和姓名是什么？

Duìfāng hàomǎ hé xìngmíng shì shénme?

밍즈 스 찐 따한, 하오마 스 얼 싼 우 치 얼 치 쓰.

名字是金大韩，号码是235-7274。

Míngzi shì Jīn Dàhán, hàomǎ shì èr sān wǔ - qī èr qī sì.

워 덩 이훨 짜이 다.

我等一会儿再打。

Wǒ děng yíhuìr zài dǎ.

비에 꽈 띠엔화, 칭 샤오덩.

别挂电话，请稍等。

Bié guà diànhuà, qǐng shāo děng.

공공시설 — 우체국 이용하기 (1)

가장 가까운 우체국이 어디에 있습니까?
Where's the nearest post office?

우표는 어디에서 팝니까?
Where can I get stamps?

항공 우편으로 보내고 싶습니다.
I want to send this by air.

속달로 부치고 싶은데요.
I'd like to send it by express.

이것을 보내는 데 요금은 얼마입니까?
What's the postage for this?

한국까지 며칠 걸립니까?
How long will it take to get to Korea?

이 편지의 무게를 좀 달아봐 주세요.
Can you please weigh this letter.

쭈이 찐더 여우쥐 짜이 날리?

最近的邮局在哪里？

Zuì jìn de yóujú zài nǎli?

짜이 날리 마이 여우피야오?

在哪里卖邮票？

Zài nǎli mài yóupiào?

워 씨양 찌 항콩 여우지엔.

我想寄航空邮件。

Wǒ xiǎng jì hángkōng yóujiàn.

워 씨양 찌 터콰이 쥬안띠.

我想寄特快专递。

Wǒ xiǎng jì tèkuài zhuāndì.

여우찌 페이용 스 뚜어샤오?

邮寄费用是多少？

Yóujì fèiyòng shì duōshao?

따오다 한궈 쉬야오 뚜어챵 스지엔?

到达韩国需要多长时间？

Dàodá Hánguó xūyào duōcháng shíjiān?

칭 쳥 이샤 씬지엔더 쭁량.

请称一下信件的重量。

Qǐng chēng yíxià xìnjiàn de zhòngliàng.

공공시설 — 우체국 이용하기 (2)

안에 무엇이 들어 있습니까?
What's in it?

이 안에는 책이 들어 있습니다.
There are books in this.

10위엔짜리 우표 한 장 주세요.
I'd like a 10 Yuan stamp.

이 요금이 맞나요?
Is the postage correct?

긴급 전보를 치려고 합니다.
I'd like to send an urgent message.

팩스를 보내고 싶습니다.
I'd like to send a fax.

우체통이 어디에 있습니까?
Where is a mailbox?

리미엔 쮸앙더 스 션머?
里面装的是什么?
Lǐmiàn zhuāng de shì shénme?

리미엔 쮸앙더 스 슈.
里面装的是书。
Lǐmiàn zhuāng de shì shū.

야오 이쨩 스콰이 치엔더 여우피야오.
要一张10块钱的邮票。
Yào yì zhāng shí kuài qián de yóupiào.

여우페이 쩡취에 마?
邮费正确吗?
Yóufèi zhèngquè ma?

워 씨양 파 진지 띠엔빠오.
我想发紧急电报。
Wǒ xiǎng fā jǐnjí diànbào.

워 씨양 파 이펀 츄안쩐.
我想发一份传真。
Wǒ xiǎng fā yí fèn chuánzhēn.

여우씨양 짜이 날리?
邮箱在哪里?
Yóuxiāng zài nǎli?

공공시설 은행 이용하기

어떻게 바꿔 드릴까요?
How would you like this exchanged?

런민비로 바꿔 주세요.
Please exchange it into Chinese Yuan.

수표를 바꾸고 싶은데요.
I would like to cash a check.

200달러 바꿔 주세요.
I'd like to cash 200 dollars.

여기에 사인해 주세요.
Please, sign here.

동전으로 바꿔 줄 수 있나요?
Could you give me some coins?

한화를 런민비로 바꿀 수 있을까요?
Can I exchange Korean Won into Chinese Yuan?

씨양 뚜이환 션머 훠삐?
想兑换什么货币?
Xiǎng duìhuàn shénme huòbì?

칭 환청 런민삐.
请换成人民币。
Qǐng huàn chéng Rénmínbì.

워 씨양 뚜이환 즈피야오.
我想兑换支票。
Wǒ xiǎng duìhuàn zhīpiào.

워 씨양 환 량바이 메이위엔.
我想换200美元。
Wǒ xiǎng huàn liǎngbǎi Měiyuán.

칭 짜이 쪄리 치엔쯔.
请在这里签字。
Qǐng zài zhèlǐ qiānzì.

커이 게이 워 잉삐 마?
可以给我硬币吗?
Kěyǐ gěi wǒ yìngbì ma?

커이 바 한위엔 환청 런민삐 마?
可以把韩元换成人民币吗?
Kěyǐ bǎ Hányuán huàn chéng Rénmínbì ma?

Chapter 10 긴급상황

Tip. 여행 중 긴급상황 대처하기

65 분실 및 도난 신고

66 교통사고

67 건강 이상(1)

68 건강 이상(2)

69 건강 이상(3)

Tip. 여행 중 긴급상황 대처하기

어느 나라를 여행해도 마찬가지지만, 특히 중국에서는 소지품을 주의하고 여권·비자·여행자 수표 등의 복사본을 별도로 챙겨야 하며, 너무 많은 중국 돈을 지갑에 넣고 다니지 말아야 한다. 중국의 급속한 경제성장이 가져온 빈부격차로 인해서 늘어나고 있는 각종 범죄로부터 자신을 보호할 수 있도록 세심한 주의가 필요하다.

긴급 전화번호

긴급 신고 110 / 전화번호 안내 114

북경 공안국 (010) 6522-5050	한국 대사관 (010) 8531-0700
북경 영사관 (010) 6532-6774, 6775	청도 영사관 (0532) 8897-6001
상해 영사관 (021) 6295-5000	광주 영사관 (020) 2919-2999
홍콩 영사관 (0852) 2529-4141	심양 영사관 (024) 2385-3388
성도 영사관 (028) 8616-5800	서안 영사관 (029) 8835-1001

여권을 분실했을 때

만일 여권을 잃어 버렸다면 곧바로 중국 주재 한국 대사관이나 영사관에 전화해서 상황을 설명하고 재발급 수속을 밟아야 한다. 그리고 다른 사람이 여권을 도용하는 사건을 방지하기 위해, 되도록이면 여권 분실 24시간 안에 공안국에 신고하도록 한다.

1. 중국 경찰서인 공안국 출입국관리처(꿍안쥐 츄루징관리추 **公安局出入境管理处**)에 신고하고 〈외국인여권분실수속신청서〉를 작성한다.
2. 공안국 출입국관리처(츄루징관리추 **出入境管理处**)에서 여권분실 신고증명서 (후쨔오빠오스쩡밍 **护照报失证明**)를 발급 받는다.
3. 중국 내 한국 대사관 또는 영사관에 가서 재발급 신청을 한다.
   → 신청 서류 : 재발급 신청서 2통, 분실 사유서 1통, 분실지 공안국 또는 출입국관리처 발행의 여권분실 증명서 1통, 여권용 사진 2매

→ 수속 기간 : 근무일 4일
→ 수속 비용 : 약 336元 정도
4. 공안국 출입국관리처에 다시 가서 비자 수속을 밟는다.

교통사고나 폭행을 당했을 때

해외에서 큰 사고가 발생하면 즉시 구급차를 불러 병원으로 가야 하나, 정도가 아주 심하지 않은 경우에는 먼저 공안국에 신고하고 한국 보험회사에 연락을 한다.

사고를 당했을 경우엔 긴급구조 요청을 하고, 치료를 받았으면 보험 청구를 위해 상해 진단을 끊은 후 영수증도 받아 놓도록 한다. 사고 현장 목격자의 진술도 필요하므로 증언해 줄 사람도 알아 두어야 한다.

특히 범죄를 만나거나 폭행 등을 당한 경우에는 공안국 외사과와 가까운 현지 한국 대사관 등에 연락을 한다. 만약 출발하기 전에 해외 여행보험에 가입해 두었다면, 사고가 나 병원에서 치료를 받을 때 보험 청구서 및 진단서를 발급 받아야 하고, 공안국에서 발급한 사고증명서가 있어야 귀국 후 보험료를 청구하는 데 지장이 없다.

병원에서 치료 받을 때 의사가 왜 다쳤는지 질문하면, 질문에 답한 내용을 진료 차트에 기록하는데, 보험회사에서 진료 차트 사본 제출을 요구할 수도 있으므로, 폭행 사건의 내용을 육하원칙에 맞춰 작성해서 보험회사에서 확인할 때 말해 줘야 한다. 환자가 만약 의사와 언어 소통이 안 되면 통역해 줄 사람을 구하고, 통역료 지불 영수증도 보관해 두도록 한다.

항공권을 분실했을 때

항공권을 잃어 버리면 거의 모든 항공사에서 재발급을 해준다.

긴급상황 분실 및 도난 사고

여권을 잃어 버렸습니다.
I lost my passport.

제 지갑을 도난당했습니다.
My purse was stolen.

가방을 택시에 놓고 내렸어요.
I left my bag in the taxi.

파출소에 전화해 주세요.
Call the police station, please.

한국 대사관은 어떻게 갑니까?
How can I go to the Korean Embassy?

한국어를 아는 분 부탁합니다.
Can I talk to someone who speaks Korean?

그것을 재발급해 주세요.
I'd like to get it reissued.

워더 후쨔오 띠우 러.
我的护照丢了。
Wǒ de hùzhào diū le.

워더 치엔빠오 뻬이 터우 러.
我的钱包被偷了。
Wǒ de qiánbāo bèi tōu le.

워 바 빠오 라짜이 츄주쳐샹 러.
我把包落在出租车上了。
Wǒ bǎ bāo là zài chūzūchēshang le.

칭 게이 파이츄쑤어 다 띠엔화.
请给派出所打电话。
Qǐng gěi pàichūsuǒ dǎ diànhuà.

전머 취 한궈 따스관?
怎么去韩国大使馆?
Zěnme qù Hánguó dàshǐguǎn?

워 커이 허 후이 슈어 한궈위더 런 탄탄 마?
我可以和会说韩国语的人谈谈吗?
Wǒ kěyǐ hé huì shuō Hánguóyǔ de rén tántan ma?

워 야오 부빤 이거
我要补办一个。
Wǒ yào bǔbàn yí ge.

긴급상황 교통사고

위급합니다!
It's an emergency!

경찰을 불러 주세요.
Call the police please.

교통사고를 신고하려고 합니다.
I'd like to report a traffic accident.

다친 사람이 있습니까?
Is anyone injured?

제 친구가 피를 흘립니다.
My friend is bleeding.

알았습니다. 지금 어디에 있습니까?
O.K. Where are you now?

천안문 근처의 왕푸징 거리에 있습니다.
We are on Wangfujing Street near Tian'anmen.

진지 스지엔!
紧急事件!
Jǐnjí shìjiàn!

칭 빠오징.
请报警。
Qǐng bàojǐng.

워 야오 퉁빠오 지야오퉁 스꾸.
我要通报交通事故。
Wǒ yào tōngbào jiāotōng shìgù.

여우런 쇼우샹 마?
有人受伤吗?
Yǒu rén shòushāng ma?

워 펑여우 짜이 리우시에.
我朋友在流血。
Wǒ péngyou zài liúxiě.

즈따오 러, 니 씨엔짜이 짜이 날리?
知道了，你现在在哪里?
Zhīdào le, nǐ xiànzài zài nǎli?

워 짜이 티엔안먼 푸진더 왕푸징 따지에.
我在天安门附近的王府井大街。
Wǒ zài Tiān'ānmén fùjìn de Wángfǔjǐng dàjiē.

긴급상황 건강 이상 (1)

병원에 데려다 주세요.
Please take me to the hospital.

온 몸이 아파요.
I ache all over.

설사를 해요.
I have a diarrhea.

여기가 아픕니다.
I have pain here.

나는 거의 아무것도 먹지 못합니다.
I can't eat anything.

낫는 데 얼마나 걸릴까요?
How long will it take to recover?

여행을 계속할 수 있을까요?
Can I continue travelling?

칭 따이 워 취 이위엔.
请带我去医院。
Qǐng dài wǒ qù yīyuàn.

워 취엔션 뿌슈푸.
我全身不舒服。
Wǒ quánshēn bù shūfu.

워 라 뚜즈(푸시에).
我拉肚子(腹泻)。
Wǒ lā dùzi (fùxiè).

쪄리 텅.
这里疼。
Zhèlǐ téng.

워 츠 부 찐 똥시.
我吃不进东西。
Wǒ chī bú jìn dōngxi.

뚜어챵 스지엔 후이 취엔위?
多长时间会痊愈？
Duōcháng shíjiān huì quányù?

워 커이 찌쉬 뤼씽 마?
我可以继续旅行吗？
Wǒ kěyǐ jìxù lǚxíng ma?

긴급상황 건강·이상 (2)

체온을 재 보겠습니다.
Let me take your temperature.

제 혈액형은 A형입니다.
My blood type is A.

입원을 해야 하나요?
Do I have to be admitted to the hospital?

통증이 심합니다.
It hurts a lot.

얼마나 나빠졌습니까?
How bad is it?

저는 알레르기 체질입니다.
I have allergies.

저는 고혈압이 있어요.
I have high blood pressure.

워 라이 량 이샤 니더 티원.
我来量一下你的体温。
Wǒ lái liáng yíxià nǐ de tǐwēn.

워 스 에이 씽 쒸에.
我是A型血。
Wǒ shì A xíng xuè.

워 쉬야오 쮸위엔 마?
我需要住院吗?
Wǒ xūyào zhùyuàn ma?

텅더 리하이.
疼得厉害。
Téng de lìhai.

여우 뚜어머 옌쯍?
有多么严重?
Yǒu duōme yánzhòng?

워 롱이 꿔민.
我容易过敏。
Wǒ róngyì guòmǐn.

워 여우 까오쉬에야.
我有高血压。
Wǒ yǒu gāoxuěyā.

긴급 상황 — 건강 이상 (3)

엑스레이를 찍어 봅시다.
Let's take an X-ray.

상태가 어떻습니까?
Are you feeling better?

약국을 찾고 있습니다.
I am looking for a drug store.

이 약은 어떻게 먹습니까?
How do I take this medicine?

하루 세 번 식후에 드세요.
Take these 3 times a day after meals.

이 약을 얼마나 오랫동안 복용해야 하나요?
How long should I take this medicine?

이틀 정도 쉬세요.
You have two days off.

파이 이쨩 엑스 셔씨엔투 바.

拍一张X射线图吧。

Pāi yì zhāng X shèxiàntú ba.

션티 쮸앙쾅 전머양?

身体状况怎么样?

Shēntǐ zhuàngkuàng zěnmeyàng?

워 야오 쟈오 야오팡.

我要找药房。

Wǒ yào zhǎo yàofáng.

워 전양 츠야오 너?

我怎样吃药呢?

Wǒ zěnyàng chī yào ne?

메이티엔 싼츠, 판 허우 푸융.

每天3次,饭后服用。

Měitiān sān cì, fàn hòu fúyòng.

쪄씨에 야오 워 야오 츠 뚜어챵 스지엔?

这些药我要吃多长时间?

Zhè xiē yào wǒ yào chī duōcháng shíjiān?

쉬야오 씨우시 량티엔.

需要休息两天。

Xūyào xiūxi liǎngtiān.

Chapter 11 귀국

> Tip. 귀국 절차

70 항공권 예약하기

71 항공권 예약 변경하기

72 항공권 예약 확인하기

73 항공사 카운터 체크인 하기

74 결항 및 비행기를 놓쳤을 때

Tip. 귀국 절차

한국으로 귀국할 때는 반드시 출발 3일 전에 예약을 재확인해 두어야 예약이 취소되는 경우가 없다. 그리고 비행기 출발 시간 2시간 전에 중국 공항에 도착해서 미리 체크인을 마쳐야 한다. 항공사 카운터에 가서 여권과 항공권을 제시하고 탑승권을 발부 받으면서, 탁송 화물을 부치면 된다. 그리고 영문으로 출국신고서를 작성해서, 출국 심사를 받으면 된다. 수속을 마치고 탑승 대기실에서 기다리고 있노라면 중국항공 출발이 지연된다는 방송이 나오기도 하므로, 방송에 귀를 기울일 필요가 있다.
한국 공항에 도착한 후에는 입국 심사 시 여권만 제출하면 되고, 짐을 찾은 후 세관 검사를 통과할 때 세관 신고서를 제출하면 된다.

귀국 항공편의 예약 및 재확인

귀국일이 가까워지면 중국에서 비행기 좌석을 예약하거나 재확인해야 한다. 그리고 귀국 항공권이 '오픈티켓' 일 경우는 귀국 몇 주 전에 항공사로 찾아가거나 전화로 예약하는 것이 좋다. 방학 시즌이나 명절 등의 성수기에는 한두 달 전에 예약해야 원하는 날짜에 귀국이 가능한 경우도 있으니 유의해야 한다. 중국국제항공(CA)과 동방항공(MU) 편은 원칙적으로 출발 72시간 전에 재확인을 하지 않으면 예약이 취소되는 경우도 있으며, 극히 드문 예이지만 예약 자체가 되어 있지 않은 경우도 있으니 주의해야 한다. 한국 항공사일 경우는 현지 지점에 전화하면 재확인된다.

중국 공항에서의 출국 수속 절차

1. 공항의 출국 수속 입구에서 세관 신고서를 작성한다.
2. 보안 검사 : 여권과 비행기표를 내보이고 들어간다.
3. 이용하는 항공사의 카운터에 여권과 항공권을 제시하고 탑승권을 발부 받고, 탁송 화물이 있으면 부친다. 이코노미 클래스는 어른 1인당 20kg, 유아는 10kg 정도 무료로 탁송이 가능한데, 이 무게를 초과했을 시에는 초과 무게에 상응하는 비용을 지불해야 탁송이 가능하다.
4. 출국 심사 : 여권 · 항공권 · 출국 카드를 제시한다.
5. 안전 검사 : 탑승 전 휴대 물품이나 몸에 지니고 있는 물품을 간단히 조사 받는다.
6. 탑승권상의 탑승구에서 탑승 대기한다.

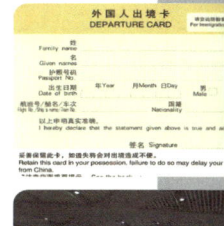

귀국 시 면세 허용 범위 및 통관 불허 물품

해외나 국내 면세점에서 취득 후 반입하는 물품 총 금액이 30만원 이하, 주류 1병(1ℓ 이하), 담배 2보루(400개비, 미성년자 제외) 등은 귀국 시 면세로 신고할 필요가 없다. 그렇지만 면세 통과 해당 이외의 물품을 가진 사람은 공항의 자진 신고 검사대에서 신고해야 한다.

통관 불허 물품
총기류, 도검, 실탄 등 / 마약류, 대마초, 환각성 / 동식물 검역법에 의한 검역 대상 물품 / 멸종 위기에 처한 야생동물의 박제, 사향, 웅담 등 / 짝퉁 명품가방이나 시계 등

귀국 항공권 예약하기

서울로 가는 비행기편이 있습니까?
Do you have any flights to Seoul?

서울행 비행기를 예약하고 싶습니다.
I'd like to make a reservation for Seoul.

다음 주 토요일에 떠날 예정입니다.
I would like to leave next Saturday.

연락처를 알려 주십시오.
May I have your phone number, please?

성함이 어떻게 되세요?
What's your name?

서울행 비행기의 시간표를 알려 주세요.
Please tell me your flight schedule to Seoul.

대기자 명단에 올려 주세요.
Please put my name on the waiting list.

여우 취 쇼우얼더 항빤 마?
有去首尔的航班吗？
Yǒu qù Shǒu'ěr de hángbān ma?

워 씨양 위띵 취 쇼우얼더 지피야오.
我想预定去首尔的机票。
Wǒ xiǎng yùdìng qù Shǒu'ěr de jīpiào.

워 쥰베이 씨야쪄우 리우 저우.
我准备下周六走。
Wǒ zhǔnbèi xiàzhōu liù zǒu.

칭 리우씨야 니더 띠엔화하오마.
请留下你的电话号码。
Qǐng liù xià nǐ de diànhuàhàomǎ.

니더 밍쯔 찌야오 션머?
你的名字叫什么？
Nǐ de míngzi jiào shénme?

칭 까오쑤 워 취 쇼우얼더 항빤 스지엔비야오.
请告诉我去首尔的航班时间表。
Qǐng gàosu wǒ qù Shǒu'ěr de hángbān shíjiānbiǎo.

칭 바 워더 밍즈 팡루 허우지 밍딴.
请把我的名字放入候机名单。
Qǐng bǎ wǒ de míngzi fàngrù hòujī míngdān.

귀국 — 항공권 예약 변경하기

예약을 변경하려고 합니다.
I'd like to change my reservation.

어떻게 변경하시겠습니까?
How would you like to change it?

다음 주 월요일에 떠나고 싶습니다.
I want to leave next Monday.

다음 주 월요일에는 자리가 없습니다.
There aren't any seats next Monday.

다음 주 토요일은 어떻습니까?
How about next Saturday?

예약을 취소하려고 합니다.
I'd like to cancel my reservation.

다음 비행기는 언제 있습니까?
When is the next flight?

워 씨양 삐엔껑 워더 위위에.
我想变更我的预约。
Wǒ xiǎng biàngēng wǒ de yùyuē.

니 씨양 전양 삐엔껑?
你想怎样变更?
Nǐ xiǎng zěnyàng biàngēng?

워 씨양 씨야쩌우 이 저우.
我想下周一走。
Wǒ xiǎng xiàzhōu yī zǒu.

씨야쩌우 이 메이여우 웨이즈 러.
下周一没有位子了。
Xiàzhōu yī méiyǒu wèizi le.

씨야쩌우 리우 커이 마?
下周六可以吗?
Xiàzhōu liù kěyǐ ma?

워 씨양 취씨야오 위띵.
我想取消预定。
Wǒ xiǎng qǔxiāo yùdìng.

씨야 이빤 스 션머 스허우?
下一班是什么时候?
Xià yì bān shì shénme shíhou?

귀국 — 항공권 예약 확인하기

예약을 확인하고 싶습니다.
I'd like to confirm my reservation.

비행기 편명을 말씀해 주십시오.
What's your flight number please?

OZ 332기입니다.
It's OZ 332.

내일 아침 10시에 서울로 떠나시는군요.
You're leaving for Seoul tomorrow at 10 a.m.

예약이 확인되었습니다.
Your reservation is confirmed.

명단에 없습니다.
I don't see your name on the list.

어떻게 해야 하나요?
What can I do?

워 씨양 취에런 워더 위띵.
我想确认我的预定。
Wǒ xiǎng quèrèn wǒ de yùdìng.

니더 항빤하오 스 뚜어샤오?
你的航班号是多少?
Nǐ de hángbānhào shì duōshao?

스 OZ 싼 싼 얼 츠 항빤.
是OZ 332次航班。
Shì OZ sān sān èr cì hángbān.

스 밍티엔 자오샹 스 디엔 취 쇼우얼.
是明天早上10点去首尔。
Shì míngtiān zǎoshàng shí diǎn qù Shǒu'ěr.

니더 위띵 이 뻬이 취에런.
你的预订已被确认。
Nǐ de yùdìng yǐ bèi quèrèn.

밍딴 샹 메이여우 니더 밍즈.
名单上没有你的名字。
Míngdānshang méiyǒu nǐ de míngzi.

워 까이 전양 쭈어?
我该怎样做?
Wǒ gāi zěnyàng zuò?

귀국 항공사 카운터 체크인 하기

기내에 몇 킬로까지 가져갈 수 있습니까?
What's the weight limit for carry-ons?

무게 초과당 얼마입니까?
What's the charge for oversized baggage?

탑승 시간은 언제입니까?
When is the boarding time?

몇 번 탑승구입니까?
What's the gate number?

카운터가 어디입니까?
Where is the check-in counter?

공항세를 내야 합니까?
Is airport tax required?

정시에 출발합니까?
Will my flight depart on time?

커이 따이 뚜어쯩더 똥시 떵지?
可以带多重的东西登机?
Kěyǐ dài duōzhòng de dōngxi dēngjī?

씽리 챠오꿔더 뿌펀 쇼우 뚜어샤오 치엔?
行李超过的部分收多少钱?
Xínglǐ chāoguò de bùfen shōu duōshao qián?

지 디엔 떵지?
几点登机?
Jǐ diǎn dēngjī?

지 하오 떵지커우?
几号登机口?
Jǐ hào dēngjīkǒu?

푸우타이 짜이 날리?
服务台在哪里?
Fúwùtái zài nǎli?

야오 푸 항콩슈이 마?
要付航空税吗?
Yào fù hángkōngshuì ma?

워먼 넝 쥰스 츄파 마?
我们能准时出发吗?
Wǒmen néng zhǔnshí chūfā ma?

귀국 — 결항 및 비행기를 놓쳤을 때

상해로 가는 비행기를 지금 막 놓쳤습니다.
I just missed my flight to Shanghai.

다음 편으로 예약해 드리겠습니다.
We can book you on the next flight.

다음 편에 태워 드리겠습니다.
We'll get you on the next flight.

다음 비행기는 언제입니까?
What is the schedule for the next flight?

오늘 중으로 도착지에 도착할 수 있을까요?
Will I be able to get to my destination today?

얼마나 기다려야 합니까?
How long do I have to wait?

다음 비행기를 타야 합니다.
I'll have to take the next flight.

워 메이여우 간샹 취 샹하이더 페이지.
我没有赶上去上海的飞机。
Wǒ méiyǒu gǎnshàng qù Shànghǎi de fēijī.

워먼 커이 웨이 니 위띵 씨야 이츠 항빤.
我们可以为你预订下一次航班。
Wǒmen kěyǐ wèi nǐ yùdìng xià yí cì hángbān.

워먼 후이 랑 니 청쭤 씨야 이츠 항빤
我们会让你乘坐下一次航班。
Wǒmen huì ràng nǐ chéngzuò xià yí cì hángbān.

씨야 이빤 스 선머 스호우더?
下一班是什么时候的?
Xià yì bān shì shénme shíhou de?

워 진티엔 커이 띠다 워더 무띠띠 마?
我今天可以抵达我的目的地吗?
Wǒ jīntiān kěyǐ dǐdá wǒ de mùdìdì ma?

데이 덩 뚜어지우?
得等多久?
Děi děng duōjiǔ?

워 데이 청 씨야 이츠 빤지.
我得乘下一次班机。
Wǒ děi chéng xià yí cì bānjī.